KB141138

플랜비와
파지트를
쓰 다

플랜비와 파지트를 쓰다

초판 1쇄 인쇄 2022년 4월 20일
초판 1쇄 발행 2022년 4월 27일

지은이 최익성 임주성 홍국주 신현아 임정혁
　　　 김아름 이유림 김다혜 김민숙 이병철
　　　 송준기 이지원 임동건 양지원 윤소연

펴낸이 최익성
편집 윤소연 김민숙
표지디자인 유어텍스트 내지디자인 엘라
마케팅 총괄 임동건
마케팅 지원 안보라 황예지 신원기 박주현 김미나 배효진 박한아
경영 지원 임정혁 이지원

펴낸곳 플랜비디자인
출판등록 제2016-000001호
주소 경기도 화성시 첨단산업1로 27 동탄IX타워 A동 3210호
전화 031-8050-0508　팩스 02-2179-8994　이메일 planbdesigncompany@gmail.com
홈페이지 https://www.planb.ac

ISBN 979-11-6832-024-6 03320

PlanB DESIGN & PAZIT

개인과

플랜비와

조직을

파지트를

쓰다

잇는
사람들

최익성 임주성 홍국주 신현아
임정혁 김아름 이유림 김다혜
김민숙 이병철 송준기 이지원
임동건 양지원 윤소연 지음

P:AZIT　PlanB DESIGN 플랜비디자인

2015년 8월 1일 플랜비디자인이 출발했습니다.
2019년 9월 27일 (주)플랜비그룹이 출발했습니다.
2020년 10월 01일 (주)파지트가 출발했습니다.

2015년 그해, 저는 두 번째 스무 살이었습니다. 마흔, 7월의 마지막 날 직장인의 삶을 포기했습니다. '개인과 조직이 더 중요한 것을 발견할 수 있도록 돕는다'는 큰 사명을 가지고 회사를 시작했습니다.

준비되어 있는 줄 알았습니다. 마흔에는 직장인의 삶을 내려놓겠다 결심한 때가 서른다섯이었으니 꽤 많이 준비했다고 생각했습니다. 그러나 생각이었을 뿐, 계획이었을 뿐, 포부였을 뿐 세상은, 실제는, 현실은 그렇지 못했습니다. 부딪혔습니다. 그때 생각했습니다. '목표는 행동이 아니다. 전략은 행동이 아니다. 계획은 행동이 아니다. 결국 생각은 행동이 아니다. 행동은 그냥 행동일 뿐이다.' 이후 이것은 플랜비디자인의 캐치프레이즈가 되었습니다.

그리고 새로운 멤버들이 합류했습니다. 또 누군가는 떠났습니다. 저는 멤버들과 함께하면서 리더십을 배웠고, 조직 관리를 배웠습니다. 회사를 경영하면서 비즈니스를 배웠고, 영업을 배웠고, 마케팅을 배웠고, 연구를 배웠고, 고객의 클레임에 대응하는 법을 배웠습니다. 우리는 그렇게 조금씩 성장해 가고 있습니다. 이 책은 그 과정의 기록입니다.

플랜비디자인과 파지트에서는 100종이 넘는 책을 출간했습니다. 그리고 우리는 오늘도 책을 만들고 있습니다. 내일도 만들 예정입니다. 내년에도, 그다음 해에도, 10년이 지난 후에도 우리는, 책을 만들고 있을 것입니다. 그렇게 세상에 나오는 모든 책 중에 제가 가장 아끼고 사랑하는 책이 이 책입니다. 제가 이 책을 사랑하는 이유는 두 가지입니다. 하나는 이 책이 우리에 대한 이야기를 담고 있기 때문입니다. 우리가 어떤 회사인지, 어떤 철학을 가지고 있는지, 어떤 사람들과 함께 하고 있는지, 그 사람들은 어떤 신념과 철학을 가지고 있는지에 대한 이야기가 담겨 있습니다. 또 다른 하나는 이 책이 우리 멤버들 모두의 글을 담고 있기 때문입니다. 제가 가장 아끼고 가장 좋아하는 사람들의 생각이 글로 정리되어 있기 때문입니다.

이 책은 회사를 홍보하기 위해 만들어진 책이 맞습니다. 그렇다고 이 책이 그저 그런 전단지나 회사 홍보 브로슈어는 아닙니다. 이 책은 '말은 흩어지고 글은 남는다'라는 우리가 중요하게 생각하는 캐치프레이즈의 산물이며, 우리가 함께 만든 플랜비와 파지트의 역사이고, 학습의 기록이며 성장의 기록입니다. 이 책은 우리의 흔들림 없는 철학, 세상에 보여 주고자 하는 일들에 대한 포부를 담고 있습니다. 때로는 추상적이어도 대담하고, 때로는 담담하고 아기자기합니다. 그래서 이 책을 읽는 재미가 있습니다. 이 책은 그동안 멤버들이 쓴 글들을 모은 옴니버스 방식^{한 가지의 공통된 주제나 소재를 중심으로 독립된 짧은 이야기 여러 편을 엮어내는 이야기 형식}으로 구성되었습니다. 처음부터 하나하나 읽어 나가셔도 좋고, 관심 있는 주제 또는 관심 있는 멤버의 글을 펼쳐서 읽어보셔도 좋습니다.

이 책을 집어든 당신은 아마도 이미 플랜비나 파지트를 좋아하고 있는 분일 것입니다. 또는 플랜비와 파지트에 있는 사람들이 어떤 사람들인지 궁금한 분이실 것입니다. 저는 당신의 그 선택이 옳다고 생각합니다.

저는 2026년 12월 31일에 경영에서 물러날 계획입니다. 이렇게 말하는 이유는 두렵기 때문입니다. 떠나고 싶지 않을까 싶어서, 지금 잡고 있는 것을 계속 부여잡고 싶어질 듯해서, 새로운 것에 도전하는 것이 버거워서 물러나는 게 두려울 것 같아 늘 말합니다. 그럼에도 '말은 흩어지고 글은 남기'에 공공연히 글로 남깁니다. 그게 제가 배운 것이고, 제가 옳다고 믿는 것이고, 제가 증명해야 하는 것이기 때문입니다. 그래서 제가 아는 만천하에 나름대로 공표하는 것입니다. 그래야 지킬 테니까요.

지금은 제가 대표로서 이 글을 쓰지만, 언젠가는 다른 사람이 이 글을 쓰길 바라는 마음입니다. 그리고 그때도 여전히 지금처럼 사랑받고, 지지받고, 응원받는 좋은 회사이길 바라는 마음입니다. 좋은 사람들과 함께하고 있음에 감사드립니다. 고맙습니다.

플랜비디자인과 파지트
모든 멤버들을 대표하여 다니엘 씀

당신의
B를 응원합니다

목
차

위를 보고 체리를 떠올려 주세요 | 수용과 존중 | 이타심이란 무엇인가? | 답할 수 있게 물어라 | 어떻게 중립성을 지킬 것인가 | 따뜻하지만 무능한 상사 vs 유능하지만 차가운 상사 | 자신을 돌아볼 줄 아는 리더 | 말을 아끼는 용기

성공도 실패도 모두 우연이 아니다 | 막내 신입사원 연쇄 실종사건 | 올림픽에 깃드는 성장 마인드셋 | 공간의 변화는 소통의 시작이다 | 불필요한 정기회의체를 없애고 싶다면 | 조직 문화와 경영 철학 | 재택근무의 진가를 발휘하려면

개인이 성장하는 확실한 방법, 팀의 성장 | 특별한 한 해, 특별히 다 함께

PlanB
DESIGN

P:AZIT

플랜비

·

파지트

에 대하여

플랜비는
세 개의 회사로
운영됩니다

컨설팅을 합니다.
리더십, 조직문화, 팀에 대한 일을 합니다.
조직에서 가짜 리더들이 들끓지 않도록 막는 일을 합니다.
탁월함을 추구하는 문화를 만드는 일을 하고 있습니다.
단단한 팀을 만드는 일을 하고 있습니다.

출판을 합니다.
HR 분야가 더 성장하고 성숙할 수 있도록
돕기 위해 출판을 합니다.
기업 조직과 구성원의 성장을 돕는 책을 만듭니다.

출판을 합니다.
인문, 사회과학, 문학, 역사 등
세상의 모든 이야기를 담고자 합니다.

플랜비 · 파지트는
플랜비 · 파지트다운
철학을 가지고 있습니다

플랜비어, 플랜비프렌즈와 함께하는 플랜비디자인은 플랜비다운 철학을 가지고 있습니다.

1. 플랜비디자인은 어떤 회사인가?
2. 기업의 철학은 어떻게 정리되고 인식되어져야 하는가?
라는 관점으로 읽어보시면 좋을 듯 합니다.

플랜비디자인의 사명은 세상과 사람을 향합니다. 플랜비디자인은 회사의 규모가 작을 뿐 철학이나 사람이 작은 회사는 아닙니다. 플랜비디자인은 세상에 긍정적 영향을 미치는 기업을 지향합니다. 그래서 우리는 우리에 대해서 정의하고, 우리가 하는 일에 대해서 정의하고, 우리가 일하는 방식에 대해서 정의하는 것에 한 치의 소홀함이 없을 것입니다.

플랜비는
왜
존재하는가?

플랜비디자인은 개인과 조직이

- 더 중요한 일을 발견할 수 있도록 돕기 위해 존재합니다.
- 더 중요한 일에 집중할 수 있도록 돕기 위해 존재합니다.
- 더 중요한 일을 잘 할 수 있도록 돕기 위해 존재합니다.

플랜비의
비전은
무엇인가?

비전은 현재 우리의 모습이 아닙니다. 우리가 되었으면 하는 모습입니다. 지금 우리는 그 길을 향하고 있습니다. 리더십, 조직문화, 팀에 대한 일을 가장 잘하는 회사가 되고자 하며 천년기업이 되기 위한 초석을 갖출 것입니다.

구성원 관점의 비전

- 멤버들이 '좋은 회사'라고 다른 사람에게 자랑스럽게 말할 수 있는 회사가 되고자 합니다.
- '인생에 한번쯤 이런 회사에서 일하고 싶다'라는 말을 듣는 회사가 되고자 합니다.
- '직장인 연봉 상위 1%'를 아깝지 않다는 생각으로 연봉을 지급하는 회사가 되고자 합니다.

고객 관점의 비전

- 플랜비디자인과 일하면 '확실히 다르다'라는 말을 듣는 회사가 되고자 합니다.
- 플랜비디자인은 '사람과 조직에 대한 고민이 시작되었을 때 가장 먼저 떠오르는 회사'가 되고자 합니다.
- 플랜비디자인은 '프로젝트를 가장 잘 수행하는 회사'가 되고자 합니다.

플랜비의
목적 있는
전진

스타트업에게 현금은 산소와 같습니다. 비즈니스가 유지되려면 수익을 내야 한다는 말은 옳습니다. 그렇다고 비즈니스의 목적을 수익이라고만 말할 수는 없습니다. 살기 위해서는 공기와 물, 음식 등이 필요합니다. 하지만 인생을 사는 목적이 숨을 쉬고, 물을 마시고, 음식을 먹는 데만 있는 것은 아닙니다. 인간에게는 기본적인 생존의 행위를 넘어 더 풍부하고 심오한 삶의 이유가 있습니다. 마찬가지로 비즈니스에도 의미 있는 목적이 있어야 합니다.

플랜비디자인은 미션에 집중하고 있을까요? 사업은 이루고자 하는 목적을 잊지 않는 것과 유지를 위해 어쩔 수 없이 해야 하는 것 사이에서 줄타기 하는 행위라고 생각합니다. 이루고자 하는 목적만 생각하고 달리면 무산소증에 걸려 발걸음이 무거워지고 어느새 멈추게 되겠죠. 반면 어쩔 수 없이 해야 하는 것만을 하다 보면 처음 생각했던 바와는 다른 방향으로 가고 있는 플랜비디자인을 보게 될 것입니다. 수영과 비슷합니다. 가끔 나와서 숨을 쉬지 않으면 물 속으로 가라앉지만 위로 올라와 숨만 쉬다가는 앞으로 나갈 수 없이 숨만 쉬는 게 돼 버리니 말이죠. 그래서 플랜비디자인은 균형을 잡으면서 앞으로 나가야 합니다.

플랜비는
어떤 문화를
가지고 있는가

플랜비디자인은 수평적이고, 자율적이며, 원칙을 지키는 문화를 가지고 있습니다. 우리가 얘기하는 수평은 인간을 인간답게 대하는 것을 의미합니다. 우리는 상대의 나이, 경험, 지식을 떠나 인간의 현명함을 믿습니다. 우리는 어느 누구도 상대의 의견을 막을 권리를 가지고 있지 않다는 것을 믿고, 그렇게 행동하기 위해 노력합니다. 이것이 우리가 말하는 수평입니다.

우리가 말하는 자율은 판단과 의사결정을 본인이 할 수 있다는 것을 의미합니다. 우리는 철저하게 본인의 판단과 결정을 존중합니다. 어떤 일의 오너가 정해지면 우리는 오너의 판단과 결정을 따르기 위해 노력합니다. 우리가 말하는 자유로움은 개인 존재 자체를 인정하는 것입니다. 개인이 스스로 많은 것을 할 수 있고, 해낼 수 있도록 하는 것이며, 결국 해내야 한다는 것을 의미합니다.

우리가 원칙을 지킨다는 것은 변하지 않는 가치와 기본들을 중요하게 생각하고 지켜 나가기 위해 노력한다는 것을 의미합니다. 우리는 일을 대하는 방식에 대한 원칙, 사람을 대하는 방식에 대한 원칙을 가지고 있습니다. 이 기본 원칙을 기반으로 우리의 약속과 행동규범을 더욱 견고하고, 강력하게 만들기 위해 노력합니다. 이것은 우리를 옥죄는 것이 아니라 오히려 우리를 더 자유롭게 하는 것임을 잘 알고 있습니다.

다시 말해, 권한과 책임이 플레이어에게 있고, 철저하게 원칙을 지키는 것이 우리가 말하는 수평적이고, 자유로우며, 원칙을 지키는 문화입니다. 우리는 수평, 자율, 원칙이 말만 좋은 허울로만 남지 않도록 노력합니다. 우리는 각자의 일에서 최선을 다하는 것이 우리의 수평과 자율 그리고 원칙을 지키는 것임을 잘 알고 있습니다.

지금 우리의 노력은 플랜비디자인의 문화를 유지하게 만들고, 10년 후, 20년 후 그리고 우리가 없을 100년 후에도 플랜비디자인이라는 위대한 조직을 존재하게 만드는 기반이 될 것입니다. 이를 통해 많은 조직의 본이 되고, 많은 사람들이 우리를 통해 배우고 성장하게 될 것입니다. 그것이 우리가 수평, 자율, 원칙의 문화를 소중하게 생각하는 이유입니다. 우리는 사람과 조직이 더 중요한 일을 발견할 수 있도록 돕는 사람이고, 조직이기 때문입니다.

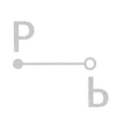

플랜비가
조직으로서
가지고 있는 핵심 역량

하나.

플랜비디자인은 연결에 강합니다. 사람과 사람, 사람과 조직, 조직과 조직, 일과 일을 연결하여 새로운 가치를 창출합니다.

둘.

플랜비디자인은 뛰어난 수용력을 가지고 있습니다. 고객의 니즈에 부합하고, 훌륭한 콘텐츠와 좋은 파트너를 발굴하기 위해 다양성을 존중하고 빠르게 수용합니다.

셋.

플랜비디자인은 빠른 실행력을 가지고 있습니다. 한 발 빠른 실행력으로 더 큰 성과를 창출합니다.

플랜비어는

플랜비어는 자신이 가지고 있는 다양한 경험과 지식, 정보와 네트워크를 계속적으로 활용할 수 있는 능력을 가진 사람입니다.

따라서 우리는 각자가 가진 다양성을 존중합니다. 플랜비디자인은 플랜비어 개인의 정서적 행복과 물질적 행복을 가장 중요한 지향점으로 두고 있습니다.

플랜비디자인은 투쟁적 치열함으로 사회에 기여할 것이나 이 과정에서 플랜비어 개인의 행복과 안정을 담보로 희생을 강요하지 않을 것입니다.

플랜비어는
이래야 합니다

무언가를 제공하는 것으로 인재상이 갖춰지지 않습니다. 이미 그래야 하는 것입니다. 그래서 우리는 다음 5가지를 가지고 있는 사람과 함께 가는 것을 중요하게 생각합니다. 만약 흔들림이 있다면 정중하게 '내려주시겠어요?'라고 말할 수 있는 조직을 지향합니다. 이건 근로자 보호법이나 노동법을 지키지 않겠다는 것이 아닙니다. 다양성을 존중하지 않겠다는 것도 의미하지 않습니다. 단지 우리가 가장 중요하게 생각하는 것에 대해서 공감하고, 이해하고, 그렇게 행동하기 위해 노력하는 것을 의미합니다.

이것은 우리의 핵심가치이며, 핵심가치를 품은 사람은 우리의 인재입니다. 우리의 핵심가치를 믿고, 행동으로 옮기는 사람, 그 사람이 가장 플랜비어다운 사람입니다. 가장 플랜비어다운 사람은 우리가 모두 존경하는 사람입니다. 그 사람을 우리는 플랜비디자인의 핵심인재라고 부릅니다.

진정성

플랜비어는 선한 사람입니다. 인간에게는 선함이 있고, 선함이 악함을 이긴다는 사실을 믿기 위해 노력하는 사람입니다.

인간가치존중

플랜비어는 사람의 가능성을 믿는 사람입니다. 다른 사람의 생각, 행동에 대해서 관대함을 가지기 위해 노력하는 사람입니다.

자율성

플랜비어는 자율적인 사람입니다. 스스로 판단하고, 결정하고, 행동하기 위해 노력합니다. 자신의 행동에 대해 책임을 다할 줄 아는 어른입니다.

도전

플랜비어는 도전하는 사람입니다. 안 하던 행동, 안 하던 생각을 하고, 안 가지던 느낌을 가지기 위해 노력하는 사람입니다. 하던 행동, 하던 생각을 안 하고, 익숙한 느낌을 가지지 않기 위해 노력하는 사람입니다.

열정

플랜비어는 열정적인 사람입니다. '해보겠다'는 말과 함께 '행동하는' 사람입니다. 꾸물대지 않고 움직이는 사람입니다. 실천으로 옮긴 행동이 다음 행동을 결정해 준다는 것을 믿고 움직이는 사람입니다.

플랜비에서
함께할 멤버를
모시는 방법

1차 면접

90분 동안 지원자가 대표에게 다섯 가지의 질문을 하고 대표는 지원자의 질문에 대해 답변합니다. 중요도에 따라 질문을 배치해야 합니다. 마지막으로 질문 내용 중 부족한 것이 있으면 추가 질문 1개를 할 수 있는 기회를 드립니다. 지원자가 질문하고 대표가 답변하는 방식을 활용하는 것은 지원자가 대표의 답변을 통해 회사의 철학, 스타일, 일하는 방식을 이해하고 함께하고 싶은 회사인지 판단할 수 있는 기회를 제공하기 위함입니다. 또한 지원자에게 2차 면접 참여 결정권을 드려 지원자의 시간 낭비를 최소화하는 배려이기도 합니다.

2차 면접

90분 동안 함께 일할 멤버들과 자유롭게 대화를 나누는 방식으로 진행됩니다. 함께 팀을 이루어 일할 수 있는 사람인지 서로 생각할 수 있는 기회를 제공합니다. 실무적으로 본인의 역량을 어필해 주셔야 합니다. 2차 면접에서는 팀워크, 실무 전문성, 빠른 업무 적응 가능성을 판단하기 때문입니다. 2차 면접 이후 구성원들의 의견을 토대로 최종 합류 결정을 합니다. 물론 진짜 최종 결정은 언제나 지원자가 하는 것입니다.

함께할 기간을 미리 말씀해 주셔야 합니다. 예를 들면 다음과 같습니다.

저는 5년 동안 플랜비디자인과 함께할 계획입니다. 이 기간 동안 ~에 공헌하겠습니다. 1년차에는 ○○을, 2년차에는 ○○을, 3년차에는 ○○을, 4년차에는 ○○을, 5년차에는 ○○을 공헌하고 플랜비디자인을 떠날 수 있도록 노력하겠습니다. 그리고 저는 플랜비디자인을 통해서 ○○○, ○○○, ○○○ 능력을 길러서 나가고 싶습니다. 왜냐하면 5년 후에 ~ 일을 할 계획이기 때문입니다. 5년 후 저의 Plan B를 위해서 회사가 많이 도와줬으면 합니다.

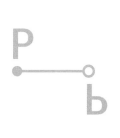

플랜비의
일과 공간에
대한 원칙

플랜비어에게 일이란 특정 시간, 특정 장소에 있는 것이 아니라, 어떤 결과를 만들기 위해 무언가 하는 것을 의미합니다. 우리는 때로 카페에서 일하고, 때로는 집에서 일하고, 때로는 다른 회사의 사무실에서 일하고, 때로는 공원에서 일하고, 길 위에서 일합니다. 일은 시간과 공간의 개념이 아니기 때문입니다. 우리는 자유롭게 일하고 결과에 대해 책임을 집니다. 우리는 자율과 책임의 가치를 믿으며, 상대방의 자율과 책임에 대해서도 믿으려 노력합니다.

주 30시간 근무

계약서상 출퇴근 시간은 10시~5시입니다. 철저하게 자율로 운영됩니다. 자율은 과정과 결과에 대한 책임을 의미합니다. 우리는 전문가 VS. 전문가로 일합니다. 전문가는 과정과 결과로 자신을 증명하는 사람입니다. 회사에 출근하는 것을 의미하지 않습니다. 온전히 집중해서 자신의 일을 하고, 결과를 만드는 것, 그리고 그 결과에 책임을 지는 것을 의미합니다.

무조건 7일 휴가 제도 운영

연차는 7일을 연속으로 사용해야 합니다. 그래야 제대로 쉬니까요. 나머지 연차는 필요 시 사용할 수 있습니다. 휴가는 승인받는 것이 아니라 통보하는 것입니다. 휴가의 권리는 휴가자 본인에게 있으니 누구의 허락도 받지 않습니다. 본인이 쉬고 싶을 때 팀 캘린더에 입력하면 됩니다. 최소 1개월 전에 입력하면 됩니다. 7일 연속 휴가는 2개월 전에 입력합니다. 단, 아침에 일어났는데 회사에 가고 싶지 않거나 아프면 휴가를 사용해도 됩니다. 철저하게 본인이 판단합니다.

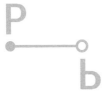

플랜비의
일하는 방식과
회의를 하는 방법

플랜비어는,

- 숫자로 말합니다. 무엇을, 언제까지, 얼만큼 했는지에 대해서 명확하게 말합니다.
- 다른 사람을 궁금하게 하지 않습니다. 궁금하게 만들었다면 이미 진 것입니다.
- 무조건 약속을 지킵니다. 지키지 못할 약속은 하지도 않습니다.

플랜비디자인은 회의를 컨설팅하는 회사다워야 합니다. 그러기 위해서 우리는,

- 더 좋은 아이디어가 이긴다는 것을 믿습니다.
- 의견과 싸울 뿐, 사람과 싸우지 않기 위해 노력합니다.
- 인간의 현명함을 믿기 위해 노력합니다.
- 어느 누구도 타인의 생각을 막을 권리를 가지고 있지 않다는 것을 잊지 않기 위해 노력합니다.
- 생각하고, 적고, 표현하고, 들어야 할 책임감과 의무감을 가지고 행동해야 함을 알고, 그렇게 행동합니다.

플랜비어의
행동에 대한
구체적인 약속

작은 행동으로 우리는 평가받고, 평가하기도 합니다. 우리는 플랜비어다운 행동에 대해서 그때 그때 구체화해 나가고 있습니다. 다음은 최근까지 작성한 내용입니다.

1

플랜비어가 일을 할 때 수신 여부를 상대에게 알려주는 방식은 '수신했습니다, 알겠습니다, 네' 등이 아니어야 합니다. 플랜비어의 수신 여부는 '당신의 의견을 이해했습니다. 제 의견은 이렇고 여기는 조금 다른다거나에 대한 의견 포함, 저는 이렇게 움직일 계획입니다'라는 앎과 행동, 두 가지를 포함해야 합니다.

2

플랜비어는 그 사람이 고객이든, 파트너든, 같은 플랜비어든 상관하지 않고 사람을 대하는 데 차이를 두지 않으려 노력합니다.

3

플랜비어는 '정성에 지나침은 없다'는 생각을 가지고 사람과 일을 대합니다.

4

플랜비어는 문제가 껄끄러워지면 문자나 메일을 보내지 않고

통화합니다. 문제가 더 껄끄러워지면 얼굴을 보고 대화합니다.

5

플랜비어에게 필요하면서 중요한 덕목 중 하나는 긍정입니다. 우리가 지나친 조바심을 가지게 되면 우리가 만나는 조직과 조직의 구성원들을 피폐하게 만들 수 있습니다. 그렇다고 해서 우리의 긍정이 무비판적 낙관을 의미하지는 않습니다. 플랜비어의 긍정은 비판적 낙관입니다. 상황에 대한 깊은 인식과 통찰로부터 나오는 긍정입니다.

6

플랜비어는 최고의 플레이어입니다. 다방면에 관심을 갖고 거부감 없이 일합니다.

7

플랜비어는 애매모호한 상황을 개의치 않는 사람입니다. 우리가 하는 일은 깔끔하게 정리정돈되어 처리되지 않는다는 것을 잘 알고 있습니다. 변화구가 날아올 때 당황하지 않고 대응할 수 있는 사람입니다.

8

플랜비어는 제멋대로 행동하는 사람이 아니라 팀 플레이를 하
는 사람입니다.

플랜비어라면
반드시 답해야 할
일곱 가지 질문

Q1

플랜비어의 한 사람으로서 당신에게 플랜비디자인의 미션은 어떤 의미인가요?

Q2

당신이 가장 중요하게 생각하는 가치는 무엇인가요? 그 가치와 플랜비디자인의 철학은 어떻게 연결되어 있나요?

Q3

일에 대한 질문입니다.

What 당신이 하고 있는 일은 무엇인가요?

How 어떻게 하면 그 일을 잘 할 수 있나요? 비슷한 일을 하는 사람이 당신에게 질문한다면 어떻게 말하시겠습니까?

Why 플랜비디자인에서 당신이 하고 있는 일은 어떤 가치를 가지고 있다고 정의하시나요?

Big Question 당신에게 일이란 무엇인가요?

Q4

플랜비어들이 타인을 대할 때 가져야 할 태도에 대한 원칙을 만든다면. 어떤 내용이 포함되어야 할까요? 예) 우리는 상대에게 더 관대해지기 위해 노력합니다. 플랜비어는 사려 깊은 사람입니다.

Q5

플랜비디자인이 사라졌을 때 우리의 고객들이 슬퍼할 이유를
어떻게 정의하면 좋을까요?

Q6

플랜비어로서 가진 눈앞의 목표는 무엇이고, 이를 위해 무엇을
할 계획인가요?

Q7

당신의 5년 후와 당신의 목표를 위해 지금 당신은 무엇을 하고
있습니까? 그리고 플랜비디자인과 대표를 제대로 활용하고 있습
니까? 대표가 도와야 할 것은 무엇입니까?

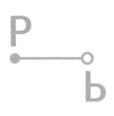

PLAN B
DESIGNER

Daniel

최익성 대표
choiicksung@gmail.com

개인과 조직이 더 중요한 일을 발견하고, 집중하고, 잘 해낼 수 있도록 돕는 삶을 살기로 결심하고 회사를 창업했습니다. 2015년 7월 31일 금요일 직장인의 삶을 포기하고, 8월 1일 토요일 플랜비디자인은 일관된 마음으로 달리기 시작했습니다.

어떤 신념과 원칙을 가지고 있습니까

지키지 않아도 되는 약속은 없다는 것이 삶의 신념입니다. '일은 치열하게 한 치의 양보 없이, 말은 아끼되 옳지 않은 것에 주저하지 않으며, 관계는 더 겸손하게'를 행동의 원칙으로 하고 있습니다.

어떤 일을 합니까

플랜비어들이 더 자유롭게, 더 현명하게 일할 수 있도록 돕는 일을 하고 있습니다. 더 좋은 사람, 더 좋은 콘텐츠를 찾아서 세상에 알리는 일을 하고 있습니다. 개인적으로 조직에 가짜 리더가 들끓지 않도록 막는 일, 가짜 회의를 진짜 회의로 바꾸는 일, 진짜 팀을 만드는 일을 좋아합니다.

무엇을 가치 있게 생각합니까

함께 하는 것의 가치를 믿습니다. 집단이 개인보다 현명할 수 있다는 것을 증명하기 위해 노력하고 있습니다.

어떤 사람으로 기억되고 싶습니까

말과 말, 말과 행동, 행동과 행동의 일관성을 위해 부단히 노력한 사람으로 기억되길 원합니다. 가운데 서 있기 위해 노력한 사람^{중립}, HRD가 틀리지 않았다는 것을 실제로 증명한 사람이 되고자 합니다.

앞으로 무엇을 할 계획입니까

많은 사람들이 자신이 가진 능력을 활용하여 더 자유롭게 일하고, 더 많은 공헌을 하여 수익을 창출할 수 있는 사회적 생태계를 조성해 나갈 계획입니다. 40대에는 현명하게 사업을 하고, 50대에는 정직하게 사회에 공헌하고, 60대에는 따뜻하게 후학을 양성하고, 70대에는 여유롭게 인생을 알아가고, 80대에는 한가하게 마음을 돌아보고, 90대에는 삶을 반추하며 『살아보니...』^{가제}라는 책을 한 자 한 자 정성을 다해 쓸 생각입니다.

Luis

임주성 컨설팅 본부장
planb.jsl@gmail.com

외국계 기업과 IT회사, HRD컨설팅에서 일했습니다. 사람 만나는 것을 소중하고 즐겁게 생각합니다. 글 쓰는 것을 좋아하며, 책을 통해 사람은 성장할 수 있다는 것을 믿고 실천하는 플랜비어입니다.

어떤 신념과 원칙을 가지고 있습니까

겸손함과 매너를 지킨다는 신념이 있습니다. 때로는 침묵, 때로는 깊은 대화, 때로는 글로 사람의 마음이 180도 움직일 수 있다는 믿음이 있습니다. 의리와 믿음이 통하는 관계를 원칙으로 삼고 있습니다.

어떤 일을 합니까

새로운 일과 사람을 찾고, 아이디어를 만들어 내고, 다양하게 연결하는 일을 합니다. 주어진 일 이외에 다른 일이 생길지라도 함께 고민하고 뛰는 역할을 하고 있습니다.

나의 소신과 자신감이 넘치는 일들 가운데 희로애락을 느끼며, 사람과 사람 간의 특별한 우정을 발견하는 것이 진정한 가치라고 봅니다.

루이스는 즐거운 사람, 따뜻한 사람으로 기억되고 싶습니다. 노력하는 사람, 겸손한 사람, 친절한 사람으로 아버지, 어머니 얼굴에 먹칠하지 않는 아들이 되고 싶습니다.

Book Distributor로써 다양한 책을 읽고, 함께 글을 써 나아갈 저자를 찾고, 그 책을 세상에 널리 알리는 일을 하고 싶습니다. 저 또한 '평생 건강'이라는 주제로 '인간의 삶과 행복'에 관한 책을 쓸 계획입니다. 루이스의 'B'는 첫째, Baptist, 침례교인으로, 둘째, Best Health 건강을 잃으면 모든 것을 잃는다는 소명으로, 셋째, Business man으로서 Book Distributor의 직분을 다하는 것입니다.

사람과 사람에게 희망을 품고 솔선수범하는 회사입니다. 자녀들에게 자랑스러운 부모가 되도록 도와주고 연결해준 회사입니다. 글을 쓰고, 저자가 되고, 뿌듯한 일을 연속적으로 할 수 있는 기회가 넘치는 회사입니다.

플랜비디자인에 관심 있는 분들에게 한 마디를 남긴다면

다니엘최익성 박사과 꼭 한번 자리를 가지는 것을 추천드립니다. 지금까지 함께했던 대표 가운데 가장 진실한 CEO라고 자부합니다. 다니엘은 솔선수범하고, 남 탓하지 않으며, 숨김이 없습니다. 다니엘은 늘 인정해 주고, 기다려 줍니다. 몸을 사리지 않는 리더십이 강의와 행동으로 일치되는 리더임에 존경합니다. 늘 형님 같고, 이웃사촌 같은 다니엘입니다. 언제든지 노크해 주세요.

James

홍국주 책임 컨설턴트
planb.jameshong@gmail.com

호주 퀸즐랜드대 심리학을 전공하고, Honors 과정을 졸업했습니다. 받아온 사랑이 너무나 크기에 값 없이 사랑을 나누는 사람이 되길 원합니다. 그 길이 '교육'이라는 믿음으로 플랜비디자인에 합류했습니다.

어떤 신념과 원칙을 가지고 있습니까

조직에서 일어나는 많은 문제의 해결책은 서로 조금 더 '사랑'하는 것이라고 믿습니다. 사랑이 단순히 떠도는 이상적인 가치가 아니라 행동으로 보여지는 실체가 되기 위해 노력합니다.

어떤 일을 합니까

조직과 개인이 덜 긴급하지만 더 중요한 일을 발견하고, 집중하고, 잘 할 수 있도록 돕는 일을 합니다. 구체적으로는 조직의 문제를 리더십, 수평적 문화, 관계적인 측면에서 고민하고 교육과정에 반영합니다.

무엇을 가치 있게 생각합니까

'사람'을 가치 있게 생각합니다. 사람은 누구나 사랑받을 가치가 있고 성장할 자격이 있으며 변화할 가능성이 있습니다. 교육을 통해 이것을 증명하기 위해 노력하고 있습니다.

어떤 사람으로 기억되고 싶습니까

듣는 것과 이해하는 것의 차이, 읽는 것과 쓰는 것의 차이, 아는 것과 가르치는 것의 차이, 깨닫는 것과 행한다는 것의 차이를 알고 실천하는 사람, 결국 지식만을 쌓는 사람이 아니라 지혜로운 사람으로 기억되고 싶습니다.

앞으로 무엇을 할 계획입니까

더 많이 읽고, 쓰고, 학습하는 과정을 통해 전문가 위의 전문가가 되기 위해 노력할 것입니다.

당신에게 플랜비디자인은 어떤 회사입니까

조직 안에서도 충분히 가치 있고 의미 있는 일을 할 수 있다는 것을 알게 해 준 회사입니다.

플랜비디자인에 관심 있는 분들에게 한 마디를 남긴다면

더 많은 개인과 조직에게 성장하고 변화하는 경험을 선물하겠습니다.

Sally

신현아 선임 컨설턴트
planb.has@gmail.com

사람이 일을 즐겁게 하고 꿈을 실현하는 것을 돕기 위해, 나 스스로도 일을 즐겁게 하고 꿈을 실현하기 위해 플랜비디자인에 합류했습니다.

어떤 신념과 원칙을 가지고 있습니까

삶의 모든 경험이 나를 만든다는 신념을 가지고 있습니다. 때문에 많은 경험을 하고 직접 느껴 보기 위해 노력합니다. 도움받은 것에 늘 감사하며 도움이 필요한 사람에게 기꺼이 손을 내밀고자 합니다.

어떤 일을 합니까

플랜비디자인의 플랜비다움을 널리 알리는 일, 플랜비디자인의 가치와 철학이 잘 전달될 수 있도록 디자인하는 일을 합니다.

무엇을 가치 있게 생각합니까

일상 속의 소소한 행복을 떠올리고 감사하는 것, 사랑하는 사람들과 추억을 공유하는 것, 사람의 지속적인 성장 · 발전 가능성을 믿는 것입니다.

어떤 사람으로 기억되고 싶습니까

감각 있는 사람, 배려하는 사람, 정이 많은 사람, 배움을 좋아하는 사람으로 기억되고 싶습니다.

앞으로 무엇을 할 계획입니까

많은 개인과 조직이 긍정적으로 변화하도록 돕기 위해 내가 할 수 있는 것이 무엇인지 찾을 것입니다. 나아가 내가 무엇을 잘하는지, 무엇을 잘 할 수 있는지 끊임없이 생각할 것입니다.

당신에게 플랜비디자인은 어떤 회사입니까

누가 시켜서 하는 일이 아닌, 내가 하고 싶어서 하는 일을 할 수 있는 회사입니다.

플랜비디자인에 관심 있는 분들에게 한 마디를 남긴다면

플랜비디자인이 더욱 선한 영향력을 펼칠 수 있도록 많은 관심과 응원을 부탁드립니다.

Henry

임정혁 CEO Assistant
planb.jhl@gmail.com

비서학을 전공하고, '많은 사람들과 교류하며 즐겁게 일하고 싶다'는 생각을 갖고 그것을 실현하기 위해 플랜비디자인에 합류했습니다.

어떤 신념과 원칙을 가지고 있습니까

자신에게 떳떳하게 행동하기 위해 노력합니다. 긍정적인 생각을 갖고 긍정적으로 행동할 수 있도록 하며, 작은 것에 행복과 감사함을 느끼며 살고 싶습니다.

어떤 일을 합니까

다니엘을 옆에서 보좌하며, 그의 시간이 더 중요한 일에 사용될 수 있도록 돕습니다. 조직의 문제를 발견하고 해결할 수 있도록 솔루션을 제시합니다.

무엇을 가치 있게 생각합니까

어제보다 성장한 나, 서로에 대한 존중, 가족, 친구, 사랑

어떤 사람으로 기억되고 싶습니까
말을 잘 들어 주는 사람, 선한 사람, 담대한 사람

앞으로 무엇을 할 계획입니까
다니엘의 옆에서 그의 피드백을 통해 전문성을 높이며, 긴급하진 않지만 더 중요한 일을 발견하고, 집중하고, 잘 해낼 수 있도록, 플랜비디자인의 모토를 잘 실행할 수 있도록 돕는 일을 하고 싶습니다.

당신에게 플랜비디자인은 어떤 회사입니까
다니엘이란 은인을 만날 수 있게 해준 고마운 회사입니다. 또한 선한 마음과 같은 방향을 갖고 있는 플랜비 가족들과 함께할 수 있고, 성장에 도움이 되는 회사입니다.

플랜비디자인에 관심 있는 분들에게 한 마디를 남긴다면
플랜비디자인은 조직이 더 중요한 일을 발견하고, 집중하고, 잘 해낼 수 있도록 하여 기업의 목표를 성취할 수 있게 함께 고민하고 알맞은 솔루션을 제공합니다. HRD 전략이나 교육이 필요하시다면 언제든 저희를 찾아주세요.

Alieen

김아름 책임 컨설턴트
planb.kar@gmail.com

대학에서 불문학, 심리학을 전공하고, 직장을 다니며 상담심리 석사과정을 마쳤습니다. 마케팅, 영상 프로덕션 등에서 일하다 제주도에서 3년간 자유로운 영혼으로 제2의 인생을 살았고, 다시 서울에 올라와 제3의 인생을 살고 있습니다. 많은 사람들이 자기답게 살 수 있도록 돕고 싶어 심리학을 선택했고, 그것을 교육과 연결 지어 좋은 프로그램을 만들고 싶다는 꿈을 가지고 있습니다.

어떤 신념과 원칙을 가지고 있습니까

모든 사람은 가능성이 있고, 변화될 수 있다는 기대를 받아야 하는 존재라는 생각을 가지고 있습니다. 서로를 그런 시각으로 지지하고 연대함으로써 이 세상이 지켜지고 더 아름다워질 수 있다고 믿습니다.

어떤 일을 합니까

질문을 가진 사람들과 함께 고민하고 해결해 나가는 일을 합니다. 특히 조직을 보다 더 건강한 곳으로 만들고 리더와 구성원이 행복하고 의미 있게 일할 수 있도록 돕습니다.

무엇을 가치 있게 생각합니까

사랑과 공존입니다. 최근 들어서는 자연과의 공존, 다음세대를 향한 사랑의 실천을 고민하고 있습니다. 그래서 환경문제 해결 등 다음 세대가 살아갈 세상을 좀 더 나은 곳으로 바꾸는 것에 대해 관심이 많습니다.

어떤 사람으로 기억되고 싶습니까

일에서는 제 분야에서 탁월한 사람으로, 개인적으로는 힘들고 어려운 사람이 쉬어 갈 수 있고 위로받을 수 있는 나무 같은 존재가 되어 가는 것이 저의 소망입니다.

앞으로 무엇을 할 계획입니까

모든 사람들이 자신이 속한 곳에서 즐겁게 살아갈 수 있도록 돕고, 심리적으로 고통받지 않는 사회를 만들기 위해 끊임없이 공부하고 노력할 것입니다.

저 개인의 성장과 브랜딩에 대해 진지하게 고민하고 첫발을 내딛을 수 있게 해 준 회사이자, 새로운 영역에 도전할 수 있도록 격려해 주는 든든한 지원군들이 넘치는 곳입니다.

플랜비디자인과 함께하면 '다르다'는 것을 앞으로도 계속 증명해 나가겠습니다.

Lisa

이유림 실장
planb.lyl@gmail.com

10년간 글을 쓰고 콘텐츠 기획하는 일을 해 왔습니다. 플랜비디자인에서 지난 경험을 바탕으로 새로운 도전을 하기 위해 합류하였습니다.

어떤 신념과 원칙을 가지고 있습니까

행동하여 결과를 만들어 낸다는 원칙을 가지고 있습니다. 결과가 매번 만족스럽진 않겠지만, 해보지 않고 짐작하는 것보다, 실패하더라도 가늠해 볼 수 있는 경험을 쌓으려고 노력합니다.

어떤 일을 합니까

세상에 필요한 책을 만듭니다. 묵혀 두기 아까운 사람들의 경험과 지식을 글로 옮겨, 이를 읽은 독자들의 삶이 더 나은 길을 찾길 바라며 일합니다.

무엇을 가치 있게 생각합니까

균형 잡힌 삶을 가치 있게 여깁니다. 일하는 이유에는 개인의 성취감도 있지만, 함께하는 이들과 행복해지기 위해서입니다. 때문에 회사 안과 회사 밖의 시간 모두에 최선을 다하려 노력합니다.

어떤 사람으로 기억되고 싶습니까

사소하지만 중요한 것을 발견하는 사람으로 기억되고 싶습니다.

앞으로 무엇을 할 계획입니까

플랜비디자인, 플랜비디자인의 저자, 플랜비디자인의 책을 읽는 독자가 함께 성장할 수 있는 책과 콘텐츠를 만들어 내도록 노력할 것입니다.

당신에게 플랜비디자인은 어떤 회사입니까

서열이 아닌 자율을 통해 조직원 스스로가 기회를 만들고 성장을 끌어낼 수 있도록 하는 회사입니다.

플랜비디자인에 관심 있는 분들에게 한 마디를 남긴다면

당신이 놓치고 있는 B는 눈앞에 놓인 A보다 결정적일 때가 많습니다.

Grey

김다혜 선임 컨설턴트
planb.grey@gmail.com

교육학을 전공하고 대학원에서 HRD를 공부하고 있습니다. 영화와 책을 좋아하고 사람들을 만나 이야기 나누는 것을 삶의 행복으로 여깁니다. 새로운 만남을 위해 플랜비에 합류하게 되었습니다.

어떤 신념과 원칙을 가지고 있습니까

배운 대로 말하고, 말하는 대로 행동하려 합니다.
불의한 일에 소리를 낼 수 있는 사람이 되려 합니다.

어떤 일을 합니까

조직이 B를 발견할 수 있도록 컨설팅하고 교육하는 일을 합니다. 조직원들이 일의 세계에 좀 더 빠져들 수 있도록 돕습니다.

무엇을 가치 있게 생각합니까

좋은 사람들과의 만남, 그 사이에서 오고 가는 생각을 소중히 생각합니다.

어떤 사람으로 기억되고 싶습니까
함께 이야기 나누면 즐거운 사람으로 기억되고 싶습니다.

앞으로 무엇을 할 계획입니까
다양한 만남을 통해 사람을 돕고, 또 많은 것을 배우고 싶습니다.

당신에게 플랜비디자인은 어떤 회사입니까
합리적인 회사, 구성원이 서로를 존중하는 전문가 집단입니다.

플랜비디자인에 관심 있는 분들에게 한 마디를 남긴다면
플랜비디자인을 만나보세요!

Cindy

김민숙 주임
planb.cindy@gmail.com

교육학과 사회학을 전공했고, 소수자 인권과 환경 등의 사회 문제나 주변 사람들의 소소한 이야기로 콘텐츠를 만든 경험이 있습니다. 다른 사람들이 본인의 '나다움'과 '존재 가치'를 찾도록 돕는 사람이 되기를 항상 꿈꿔 왔습니다. 그중에서도 세상과 사람에게 긍정적인 영향을 주는 이야기를 기록하고, 널리 알리는 사람으로 자라나고자 플랜비디자인에 합류하였습니다.

어떤 신념과 원칙을 가지고 있습니까

저와 인연을 맺은 사람들에게 보탬이 되고자 합니다. 조금의 친절과 베풂, 가르침에도 온 마음을 다해 그 이상을 돌려드리고자 합니다. 고마움을 잊지 않고 기억하려 합니다.

어떤 일을 합니까

세상 속의 가치 있고 유용한 이야기를 글과 책의 형태로 보존하는 일을 합니다. 이야기를 전하고자 하는 사람과 이야기를 필요로 하는 사람 사이에 다리를 놓습니다. 일터와 일상 속에서 자주 겪게 되는 문제들을 스스로 해결할 수 있도록 멀리서 돕는 역할을 합니다.

무엇을 가치 있게 생각합니까

소외된 사람들을 공동체 안으로 불러들이고 따뜻하게 대하는 일들. 이들을 밖으로 내모는 사람들과 맞서는 일들. 장기적으로 누군가의 삶을 치유하고, 풍요롭게 만드는 모든 것들을 가치 있게 여깁니다. 그 일들을 지속하기 위해 제가 도울 수 있는 일들이 무엇인지 고민합니다.

어떤 사람으로 기억되고 싶습니까

누군가에게 도움이 되는 사람. 누구라도 믿고 맡길 수 있는 전문성을 지닌 사람. 적어도 주변 사람들의 마음 속에 온기를 오래 남길 수 있는 사람으로 기억되고자 합니다.

앞으로 무엇을 할 계획입니까

다양한 사람들을 만나고, 가치 있고 소중한 이야기를 글로 기록하여 세상에 남기는 일을 계속할 것입니다. 그리고 만드는 책의 내용과 모순되지 않은 역량과 태도를 보유한 인재로 꾸준히 성장하고자 합니다.

당신에게 플랜비디자인은 어떤 회사입니까?

함께하는 사람의 기를 '살리는' 곳입니다. 누군가의 도움과 그에 들인 시간과 노력을 허투루 대하지 않고 최대한 그에 맞는 보상과 감사함으로 되돌려 줍니다. 타인의 부족함을 비난하기보다, 어떻게 하면 같은 실패를 반복하지 않고 더 나아질 수 있을지, 이를 위해 개인이나 조직 차원에서 도울 수 있는 일이 무엇인지 묻고 또 묻는 곳입니다. 조직의 믿음을 연료 삼아 개인이 꾸준히 노력하고 성장할 수 있는 곳입니다.

플랜비디자인에 관심 있는 분들에게 한 마디를 남긴다면

여러분의 B를 놓치지 마세요. 행여 놓치더라도, 잊지 말고 꼭 다시 잡으세요.

Charles

이병철 책임 컨설턴트
planb.lbc@gmail.com

플랜비디자인에서 인생의 B영역을 실현하고자 합류하였습니다. 학부, 대학원에서 산업 및 조직심리학을 전공했고 HR컨설팅 회사에서 역량평가 Assessment center & Development center 업무를 수행하였습니다.

어떤 신념과 원칙을 가지고 있습니까

진정성 있는 삶을 살자는 신념을 가지고 있습니다. 말과 행동을 일치시키고, 주체적인 생각을 기반으로 사람들과 상호작용 하고자 합니다.

어떤 일을 합니까

조직의 이슈에 대해 진심으로 이해하고 나아갈 방향을 찾기 위해 고민합니다.

무엇을 가치 있게 생각합니까

사랑하는 사람들과 행복한 시간을 보내는 것을 가치 있게 생각합니다.

어떤 사람으로 기억되고 싶습니까

자신의 목표와 꿈을 이루기 위해 한 걸음 한 걸음 나아간 사람으로 기억되고 싶습니다.

앞으로 무엇을 할 계획입니까

성숙하고 현명해지기 위해 다양한 경험과 깊이 있는 학습을 할 계획입니다.

당신에게 플랜비디자인은 어떤 회사입니까?

회사와 구성원이 가지고 있는 B영역을 함께 실현하기 위해 끊임없이 노력하는 회사입니다. 그리고 꿈이 실현되기 위해 함께 고민하고 노력해 주는 훌륭한 동료들이 있어 든든한 회사입니다.

플랜비디자인에 관심 있는 분들에게 한 마디를 남긴다면

플랜비디자인의 문은 열려 있습니다.

PlanB
DESIGN

PAZIT

DESIGNER

Kwazii

송준기 대표
planb.jgs@gmail.com

교수설계, 심리상담을 전공했습니다. 여러 조직을 다니다가 온전한 결정과 책임을 경험하고 싶어서 때로는 법인도 설립하고, 때로는 프리랜서로 활동했었습니다. 성장을 위한 견딤의 시간을 의미있게 생각하며, 기법을 뛰어넘는 교육의 본질과 컨텐츠에 집중하기 위해 플랜비디자인에 합류했습니다.

어떤 신념과 원칙을 가지고 있습니까

사람의 진정한 변화는 사랑을 통해서만 일어날 수 있다고 생각합니다. 신뢰, 배려, 이해, 존중 등의 이름으로도 사용되지만 결국 사랑입니다. 그 실천은 말도 안 되게 어렵습니다. 일할 때라도 잘 하려고 노력 중입니다.

어떤 일을 합니까

눈에 보이지 않는 것을 보이게 하는 마법을 합니다. 생각과 마음, 말과 인생을 엮어 책을 만드는 일을 하고 있습니다.

무엇을 가치 있게 생각합니까

1%가 아닌 99%의 삶을 가치 있게 생각합니다.

어떤 사람으로 기억되고 싶습니까

저를 알고 있다는 것이 자랑이었으면 좋겠습니다. 가치 있는 고민을 하고 나름의 답을 찾아간 사람이었으면 좋겠습니다.

앞으로 무엇을 할 계획입니까

일단은 Q2의 마법을 좀 더 잘해서 대마법사가 되고 싶습니다.

당신에게 파지트는 어떤 회사입니까

내가 나로 있을 수 있는 회사입니다.

파지트에 관심 있는 분들에게 한 마디를 남긴다면

잘 지켜봐 주세요.

Julia

이지원 실장
planb.julia@gmail.com

식품영양학으로 학위를 받고, 해당 분야에서 전문가로 활동했습니다. 결혼, 출산, 육아로 이어지는 과정에서 자연스럽게 전업주부의 삶을 선택했습니다. 나 자신을 발견하고, 나의 능력을 가치있게 쓰기 위해 10년 공백을 깨고 플랜비디자인에 합류했습니다.

어떤 신념과 원칙을 가지고 있습니까?
지나친 확신에 사로잡히지 않아야 한다는 신념을 가지고 있습니다. 신념을 지키기 위해 어떤 일에 대해서 많은 사람들의 이야기를 듣고 판단하자는 원칙을 가지고 행동하고 있습니다.

어떤 일을 합니까
우리 회사에서 출간하는 도서를 세상에 알리는 일을 하고 있습니다. 훌륭한 저자, 좋은 콘텐츠를 발굴하고, 책으로 만들어내는 과정, 책이 세상으로 나가는 과정 전반을 관여합니다. 한 권의 책이 한 사람의 인생에 중요한 자양분이 됨을 잘 알고 있기에 소홀함이 없기 위해 노력하고 있습니다.

무엇을 가치 있게 생각합니까

믿음, 존중, 공감, 사랑을 가치 있게 생각합니다. 네 가지 가치를 중심으로 사람들과 더불어 살아가는 것을 의미 있게 생각합니다.

어떤 사람으로 기억되고 싶습니까

일을 할 때는 세심하고, 사려 깊은 사람으로, 삶 전반에서는 겸손하고, 노력하는 사람으로 기억되고 싶습니다.

앞으로 무엇을 할 계획입니까

플랜비디자인 출판 영역의 성장을 지원할 것입니다. 더 많은 책들이 세상으로 나올 수 있도록 도울 계획입니다. 출판 전 영역에서 능력을 발휘하기 위해 내가 무엇을 잘 하는지 발견하기 위해 부단히 노력할 계획입니다.

당신에게 파지트는 어떤 회사입니까

다시 새로운 도전을 할 수 있도록 기회를 준 회사입니다. 가정을 넘어서 사회에서도 가치 있는 공헌을 통해 삶의 활력을 찾게 해 준 고마운 회사입니다.

한 치의 흔들림 없이 앞으로 나아가는 회사입니다. 그 과정에서 함께 성장할 수 있는 가능성을 가진 회사입니다.

Ethan

임동건 본부장
mir0326@gmail.com

출판 영업일을 20년 가까이 했습니다. 우연한 기회에 다니엘을 만나 출판에 대한 많은 이야기를 나누고 플랜비디자인을 출판 시장에서 신흥 강자로 키우기 위해 합류했습니다.

어떤 신념과 원칙을 가지고 있습니까

모든 일의 중심에는 사람이 있습니다. 타인에게는 불처럼 뜨겁고 따뜻하게, 나 자신에게는 얼음처럼 차갑게 대하도록 노력하고 있습니다.

어떤 일을 합니까

플랜비디자인과 파지트의 출간 도서들을 독자 곁으로 다가가게 하는 업무를 진행합니다. 주요 서점과 온라인 서점 등에 플랜비디자인의 도서들이 자리 잡을 수 있게 유통과 영업 관리를 진행하고 있습니다.

무엇을 가치 있게 생각합니까

신뢰와 존중을 가치 있게 생각합니다. 서로 간의 확고한 신뢰와 실수를 탓하지 않고 격려와 용기를 주는 조직은 절대 무너지는 일이 없기 때문입니다

어떤 사람으로 기억되고 싶습니까

같이 있으면 즐거운 사람, 묵묵히 맡은 바 일에 책임을 다하는 사람으로 기억되고 싶습니다.

앞으로 무엇을 할 계획입니까

치열한 출판 시장에서 플랜비디자인과 파지트가 중견출판사로 자리 잡을 수 있도록 하는 게 1차 목표이고 대한민국 출판시장을 선도할 수 있는 출판사가 될 수 있도록 하는 게 궁극적인 목표입니다.

당신에게 파지트는 어떤 회사입니까

매너리즘에 빠져 있던 삶에 다시 열정을 심어준 회사입니다.

파지트에 관심 있는 분들에게 한 마디를 남긴다면

좋은 사람들이 모여서 좋은 꿈을 꾸고 좋은 계획을 세워 흔들림 없이 나아가는 최고의 조직입니다.

Jay

양지원 에디터
planb.jayy@gmail.com

문화 관련 콘텐츠를 좋아해서 그와 관련한 것들을 기획하고 알리는 활동을 했습니다. 플랜비디자인의 비전과 가치인 B의 영역이 책, 출판의 속성과 비슷하다고 생각했고, 그 점이 인상적이어서 합류하게 되었습니다.

어떤 신념과 원칙을 가지고 있습니까

삶에는 개인마다 다른 정도^{正道}가 있고, 그 길이 비효율적이라고 해도 그것을 믿고 걸어가는 사람에게는 결국 자신이 원하는 길 위에 다다르게 된다는 신념을 가지고 있습니다.

어떤 일을 합니까

책의 시작과 끝을 함께하며 그 방향을 고민하고, 알리는 일을 합니다.

무엇을 가치 있게 생각합니까

정제되지 않은 것들, 켜켜이 쌓여 있는 껍질 속 알맹이 같은 것들이 가치 있다고 생각합니다. 누군가에게 상냥하고 싶은 마음, 결과를 떠나 일하는 과정에 최선을 다하려는 열정과 노력 같은 것들이 그것에 속한다고 봅니다.

어떤 사람으로 기억되고 싶습니까
자연스러웠던 사람으로 기억되고 싶습니다.

앞으로 무엇을 할 계획입니까
가치 있는 이야기를 많이 찾아내려고 합니다.

당신에게 파지트는 어떤 회사입니까
처음이라는 단어의 어감을 닮은 회사입니다.

파지트에 관심 있는 분들에게 한 마디를 남긴다면
속도에 쫓기는 상황 속에서 무언가 놓치고 있다고 생각하신다면, 그것에 마음이 쓰여 하루 끝 잠들지 못하신다면, 그게 당신의 B입니다.

Ella

윤소연 에디터
planb.ella1123@gmail.com

책을 좋아해, 책 만드는 것을 업으로 삼았고, 2021년 문을 여는 파지트에 보탬이 되고자 합류하게 되었습니다.

어떤 신념과 원칙을 가지고 있습니까

무자기無自欺: 자신을 속이지 말라. 내가 나를 속여 타협하고, 자기합리화하지 않으려는 원칙을 갖고 있습니다.

어떤 일을 합니까

원고를 검토하고, 그 원고가 더 빛을 볼 수 있도록 도와주는 일을 합니다.

무엇을 가치 있게 생각합니까

대화를 가치 있게 생각합니다. 대화는 친밀감, 신뢰, 궁금증에 대한 해결 등 수많은 것들을 이룰 수 있게 해 줍니다.

어떤 사람으로 기억되고 싶습니까

편안한 사람. 대화할 때는 따뜻한 편안함을, 일할 때는 걱정과 우려 없이 업무를 믿고 맡길 수 있는 편안함을 주는 사람이고 싶습니다.

앞으로 무엇을 할 계획입니까

파지트가 저자들의 워너비 출판사가 될 수 있도록 책을 잘 만들고, 두터운 독자 팬을 형성할 수 있는 방법들을 모색할 것입니다.

당신에게 파지트는 어떤 회사입니까

물음표를 느낌표로 바꾸어 준 회사입니다.

파지트에 관심 있는 분들에게 한 마디를 남긴다면

좋은 사람들이 함께하면, 상상 이상의 결과를 가져 온다는 것을 확인하실 겁니다.

지속적으로 성공하는 리더들은 '자신이 만든 기준을

깰 줄 아는 용기를 가진 사람'이라고 생각한다.

기준을 깨기 위해서는 자신을 면밀하게 돌아보는

과정이 필요하다. 오늘이 그런 날이 되길 바란다.

PART
1

리
더
십

위를 보고 체리를 떠올려 주세요

그레이

팀장님, 잘 지내셨어요. 2014년에 인턴했던 다혜
예요. 팀장님은 절 잊으셨을지 모르겠지만, 저는 그 때를 잊지
못하고 있어요. 물론 제 주변인들은 아무도 믿어주지 않지만
요. 매일같이 일 못하는 신입들의 손바닥을 때리셨잖아요. 아
니 정말 오후 4시 30분만 되면 30cm 자로 반대쪽 손바닥을 딱
딱 때리며 의자와 의자 사이를 가르셨어요. 운 좋게도 저는 한
대도 맞지 않고 무사히 인턴십을 끝냈어요. 그러니까 이렇게
편지도 쓸 수 있겠죠.

매일을 떨며 겨우 출근하고 퇴근하는 일상을 마치고 모 기업의
정직원으로 입사했을 때였어요. 거기서는 또 신입을 금이야 옥
이야 다루더라고요. '아니, 실수했는데 이렇게 넘어간다고?' 또
는 '두 번째 물어봤는데 친절하게 알려주네?' 이런 충격을 받는
촌스러운 사원이었죠. 알고 보니 이게 보통의 회사생활이었더
라고요.

그래도 '팀장님도 팀장이 처음이라서'라는 진부한 말로 용서해 드리고 싶어요. 팀장님은 '사람을 때리면 안 된다'라는 가르침을 '사랑의 매'를 맞으며 배우신 세대잖아요. 때려서 가르치는 것 외에는 다른 방법을 상상하지 못한 거죠. 하지만 지금은 그러시면 안돼요. 그때는 야근수당 없이도 인턴을 호령할 수 있던 야만의 시대였어요.

그때의 우리 팀 사람들을 생각해보면, 우리 모두가 빨빨거리며 열심히 돌아다니는 팩맨이었던 것 같아요. 왜, 어렸을 때 오락실에 가면 있던 게임 캐릭요. 걔는 오로지 앞만 보고 죽을 때까지 열심히 살잖아요. 앤 드루얀의 『코스모스』를 읽으면 비슷한 이야기가 있거든요. 그곳에는 2차원의 세계인 플랫 랜드^{flat land}가 있어요. 그 세계관에서 모든 존재들은 자신의 발바닥으로만 자신이 서 있는 걸 느낄 수 있대요. 그러니까 그들을 플랫 랜더^{flat lander}라고 부르는 거겠죠. 넓고 외로운 2차원 우주에서 그 존재들은 위를 볼 수 없어요. 하지만 앤 드루얀은 그 상황에서도 위를 상상하려 하는 일을 과학이라고 말했어요.

회사가 곧 플랫 랜드라고 생각해요. 말도 안 되는 상식 속에 파묻혀 살다 보면 어느 순간 위를 상상하는 법을 까먹게 되잖아요. 저것은 너무나도 명백하게 체리였다가, 체리일지도 모르겠다가, 어느 순간부터는 '아니, 저게 체리일 리가 없잖아', 그리고는 천천히 체리를 잊게 되는 거죠. 슬프지도 않게, 아주 자연스럽게. 내가 잊는다는 사실도 잊어가면서요. 새내기가 들어와서 체리를 말할라치면 '무엄하도다, 이게 감히 우리의 매너리즘을 깨려고 해!'라고 제법 위엄 있게 호통 칠 수 있게 되고요.

하지만 팀장님, 다시 체리를 생각해 주세요. 팀장님을 통해서 팀원들이 체리를 기억해 낼 수 있었으면 좋겠어요. 『크리스마스 캐럴』이라는 소설에 보면 무서운 유령이 나오거든요. 구두쇠였던 스크루지를 이대로 죽게 내버려둔다면 아마 그 무덤에는 풀 한 포기 안 자라겠다 싶었나봐요. 그런 유령이 스크루지를 깨닫게 하기 위해 보여주는 두 아이가 있어요. 한 명의 이름은 무지Ignorance이고, 다른 아이의 이름은 궁핍Want이에요. 그런데 무지라는 아이의 이마에는 파멸Doom이 쓰여 있어요. 제 마음대로 '무지'를 상상력의 부재라고 해석해도 될까요. 부재 혹은 게으름이라고요. 위를 보는 상상력이 부족한 조직은 파멸한다고요.

인정할게요. 사실 위를 보라는 낭만적인 이야기는 그렇게 강조하시던 '성과'와는 거리가 있을지도 몰라요. 그리고 속편한 이야기일 수도 있고요. 하지만 우리 모두가 가끔은 성과에서 멀어져, 계산되지 않는 일을 해봐야 인간답게 살 수 있는 거 아니겠어요? 회사 앞 단골 카페 만들기, 점심시간 20분에 맞는 산책 루트 개척하기, 예쁘고 비싼 문구로 일하기… 같은 일을 할 때 저는 그제서야 제가 자기 검열에서 해방되었단 걸 느끼거든요. 그렇게 종종 체리가 있다면 어떨까, 상상하는 거죠.

작년 10월에 발사된 로켓 누리호는 700km나 날아올랐지만 우주 궤도에는 안착하지 못했어요. 어떤 사람은 누리호를 실패라고 했어요. 하지만 어떤 사람은 그날을 이렇게 묘사했어요. "무한 우주에 순간의 빛일지라도" 연합뉴스 . 2021.10.21 그래요. 제가 유난히 이런 사람들을 사랑해서 그럴 수 있어요. 모두가 '대체 저게 뭐길래?'라고 하는 일에 빠져 있는 사람들이요. 그것이 정말 '무한 우주에 순간의 빛일지라도'요.

이렇게 불쑥 편지를 드려 죄송해요. 저도 이젠 이런 이야기를 하면 '라떼'라는 이야기를 들을 나이가 되었거든요. 그래서 팀장님한테 어리광을 부리나봐요. 이왕 이렇게 된 거 솔직하게 얘기하자면 그때 30cm 자가 부러지길 빌고 빌었어요. 그런데 부러지려면 누구 하나가 세게 맞아야 하는 거 아니예요? 생각하니 답도 없이 슬픈 거 있죠. 그런데요 팀장님, 제가 퇴사하고 나서도 후배들은 계속 순순히 양 손바닥을 내놓았나요?

수용과 존중

루이스

　　　　조직의 구조상 임원부터 사원까지 직위와 직책이 나눠져 있지만 개인과 개인, 팀과 팀이 조직적으로 묶여 있는 상황에서 상대방과 상대팀을 배려하고 헤아리는 마음이 턱없이 부족한 점을 발견할 수 있다. 사람은 근본적으로 부모슬하에서 태어나 자라고 자아가 형성되고 가르침을 본받아 인격이 형성된다.

즉 밥상머리 교육부터 자아가 완성된다. "말보다 눈이 빠르고, 말은 흩어지고 글은 남는다." 제안서와 이메일은 상대방이 읽고 이해하기 쉬워야 하고, 내용이 무엇인지를 정확하게 어필하는 것이 글이다. 또한 머릿속 생각을 글로 적는 기술이 훈련되지 않으면 글 쓰는 것조차 참 어려운 일이 아닐 수 없다.

리더의 변화의 시작을 '수용acceptance'을 꼽는다. 상대방을 인정하고 존중하는 태도이며, 다양한 색깔을 포괄적으로 받아들이는 것이다. 한국의 정서로는 '그럴 수도 있겠지?', '그러려니'와 같은 너그러움이 아닐까 한다. 특히 회의에서의 리더는 사람과 싸우지 않고, 의견과 싸워야 하는 타인 생각의 수용이 반드시 필요한 것이다. 이렇게 수용할 수 있는 용기는 리더의 덕목이다. 큰 그릇이 먼저 만들어져야 밖으로 튕겨 나가지도 않고, 더 많은 것을 담을 수 있듯이 사람에 대한 존중은 리더가 지녀야 할 기본 자세이다.

사람은 감정이 흔들리게 되면 쉽게 분노 조절이 안 되곤 한다. 세일즈나 사람을 자주 만나는 직업이라면 경험을 해봤을 것이다. 상대방에게 칭찬하기는 어려우나 상처 주기 아주 쉬운 세상이다. 얼굴을 보며 직접 말로도, 세상이 발달하여 글과 메시지로 충분히 그럴 수 있는 환경에 살고 있다. 그래서 우리는 습관적인 훈련이 필요하다. 뇌를 자극할 만한 긍정적인 단어와 간결한 문장으로 나를 먼저 동기부여시키는 동시에 그것을 자주 만나는 사람들에게 진심이 묻어나는 말로써 전달해 보는 것이다.

세상에 있는 리더십의 정의는 리더십을 연구한 학자만큼의 수와 같다고 한다. 하지만 필자가 생각하는 리더십은 습관적인 말과 생각, 그것을 매일매일 내 입에서 버릇처럼 나오는 훈련으로 완성될 수 있다고 믿는다.

문제라고 생각하는 사람이 많지만 대부분 문제의식을 갖고 접근하지 않는 경우가 많다. 단지 회의 시간을 짧게 하는 것만으로는 궁극적으로 문제가 해결되지는 않는다. 더불어 많은 기업들이 야근을 할 수 없는 환경이 되어 버렸다. 일정 시간 야근을 하려면 특별히 허가를 받아야 하는 시대가 되었고, 야근을 못한다고 빨리 출근하거나, 남은 일을 집에 가지고 가거나, 파트타이머를 고용하여 정직원의 업무 시간을 줄여도 조직의 생산성은 높아지지 않을 것이다.

협상과 타협에 기반한 리더십이 필요한 지금, 수용과 존중으로 나의 것을 지키고, 상대방의 격을 높여 주는 리더가 되어야 한다. 소위 조직문화 지수가 낮은 조직을 점검해보면 상대방을 잘 알지 못하고, 상대방이 일하는 것도, 일하는 방법도, 어떤 일을 하는지 잘 모른다. 필자도 '업무 효율화', '일하는 방식의 변화', '핵심 가치와 기업 철학'에 대해 집중적으로 고민하고 있다.

철학은 창업자의 이념과 일하는 원칙에서 비롯된다. 게다가 그렇게 원칙을 만들어 놓고서도 원칙이 지켜지지 않을 때 우리는 수많은 기업이 망가지는 행태를 여러 매체를 통해 보았다.

일하는 방식이 바뀌고 시간이 줄었다고 하여 조직에서 수용과 존중이 사라져야 한다는 의미는 아닐 것이다. 세대 간의 격차를 줄이는 가장 좋은 방법은 역지사지^{易地思之}로, 다른 사람의 처지에서 생각하는 자세가 무엇보다 중요하다. 새해가 다가왔다. 많은 계획과 도전과 목표를 수립하고 희망차게 도약하는 시기임에 틀림없다. 여전히 국내외 정세는 거친 바람 앞에 호롱불과 같다.

신념이 굳건히 지켜지는 임인년, 대한민국 모든 조직에 신바람이 불었으면 하는 소망을 가져 본다.

이타심이란 무엇인가?

루이스

이타심^{利他心}의 사전적 의미는 상대 또는 남을 위하
거나 이롭게 하는 마음이다. 즉 자기의 이익보다는 다른 사람
의 이익을 더 추구하는 마음이 충분함을 표현하기도 한다. 지
금의 현실에서 남을 위한다는 것의 기준이 무엇인지, 무엇을
뜻하는지에 대해서는 개인적 차이가 있을 수 있다. 또 상대방
을 이롭게 하는 마음을 말과 글로 표현한다는 것은 헤아릴 수
없이 모호하고 어렵다. 이것이 인간의 본능인 듯하다. 그러나
과연 나는 이타심이라는 것을 가졌는지, 단어적 해석보다는 나
스스로 훈련되어 있는지에 대해 돌이켜 보는 연말이 아닐 수
없다. 내가 속한 조직의 상황을 본다면 이해가 쉽다.

성과평가 시즌이 다시 돌아오고 말았다. 그동안의 업적과 성취
를 되돌아보고 잊혔던 기억을 되살려 표현할 수 있는 나의 성
취와 업적을 어필하는 운명의 시간이 돌아온 평가 시즌임에 틀
림없다. 나는 과연 그 평가의 기준에 온전히 순응할 수 있었나?

물론 나의 예측과 전혀 다를 수 있다. 업무에 따라 평가는 상대적일 수도, 절대적일 수도 있는 것이 사실이다.

조직의 관점에서는 어떤가? 미션과 핵심 가치를 기반으로 행동 원칙이나 규범을 토대로 팀과 구성원이 성과와 팀워크를 지향하고 그것을 위해 밤낮으로 노력한다. 조직의 방향은 존재 이유와 가치를 향해, 또 고객의 서비스를 목표로, 그리고 조직의 사업 안정화에 초점을 맞춘다.

조직의 안정화란 무엇인가? 성과를 관리하는 복잡한 수치와 잣대를 벗어나 개인과 기업의 안정화를 평가하는 기준은 과연 무엇일까? 한편으로는 매년 상승을 기대하는 매출 실적과 영업 이익이 될 수 있다. 또는 사회적인 좋은 평판과 이미지도 될 수 있으며 여러 사람으로부터 일하기 좋은 기업으로 후한 평점을 받은 기업이 안정화된 기업으로 평가받을 수 있다. 과연 기업의 이미지와 평판은 무엇으로 만들어질까? 해답은 이미 성공의 반열에 오른 위대한 기업의 성공 사례를 통해 알아볼 수 있겠지만 좀 더 자세히 본다면 필자는 HR조직의 판단력과 실행력, 그리고 용감한 결단력을 꼽을 수 있겠다.

그렇다면 어떠한 판단과 실행이 있어야 할까? 사람을 채용하면서 유비와 제갈량처럼 인재를 등용하는 안목과 기다림, 용기가 필요하며, 사람을 육성하면서 칭기즈칸처럼 상대의 장점과 안목을 길게 보고 국가 경영에 유효하게 배치하고 등용하는 리더십을 갖추는 것이다. 사람을 믿음에 있어서 예수 그리스도와 같이 사랑과 희생의 본이 되는, 남을 위하는 마음, 즉 이타심이 필요하다. 조직 내에서는 개인과 개인 사이에서 서로 다른 업무로 인해 협상과 조정, 이해와 타협, 짜증과 멸시, 울화통이 생기는 것이 당연시되는 요즘이다.

왜 우리는 늘 비슷한 문제의 반복적인 패턴의 불협화음으로 인한 조직의 통증으로 인해 아프고 괴로워하며, 이것을 해결하기 위해 얼마 만큼의 시행착오를 겪어야만 하는 것인가? 세상의 안팎에는 갑과 을이 늘 공존한다. 거부할 수 없는 사실이지만 우리는 서로의 파트너십을 위해 꾸준히 노력한다. 조직 내 문제가 발생한다면 더욱이 그 조직의 상황 보고, 문제해결 능력, 리더십, 커뮤니케이션, 의사결정과 협상 그리고 가장 중요한 이타심을 파악할 수 있다. 우리는 공존하며 살 수밖에 없는 무리의 사회에 살고 있다. 때로는 충돌을 피할 수 있는 '작전 타임'과 '선수 교체'가 어쩌면 지금의 시간에 가장 필요한 카드가 될 수 있다. 과연 우리 조직과 나는 상대와 남을 이롭게 하는 행동을 얼마만큼 하는지 돌이켜보는 연말이 되었으면 한다.

개인과 개인, 조직과 조직 간 지켜야 할 원칙과 매너와 서비스가 있다. 그것이 원활히 잘 작동될 때 우리는 성장하고 성취감을 느낀다. 최근 들어 더욱이 국가 간의 패권 다툼과 영토 분쟁이 심화되는 요즘을 보면서 인간의 욕심은 우주의 먼지만큼 이상 끝없는 것처럼 보인다. 개인과 조직의 문제는 늘 꾸준히 발생된다. 상황도 자주 바뀌는 건 변함 없다. 변수는 그야말로 맑은 하늘에 날벼락과 같다. 다만, 빠른 판단력과 실행력, 그리고 그것을 해결하는 과정에서의 상대방을 헤아리는 마음, 작전 타임으로 말미암아 더 나은 결과를 예측하는 안정의 시간. 그것이 이 시대를 이끌어가는 조직의 리더가 갖추어야 할 이타심이 아닐까.

답할 수 있게 물어라

제임스

조직에도 하마가 존재한다는 말이 있다. 하마는 둔하고 느릿해 보이지만 실제로는 매우 위협적이고 포악한 동물이다. 조직에서의 하마^{Hippo}는 Highest Paid Person's Opinion의 줄임말이다. CEO나 임원 등 리더들의 의견을 일컫는다. 구글의 전 수석 부사장인 조나단 로젠버그는 회의실에서 가장 위험한 것이 바로 하마라고 지적하였다. 리더의 의견은 무조건 위험하다는 의미가 아니다. 다른 구성원의 의견 없이 리더 혼자 독단적으로 내린 결정이 위험하다는 것을 뜻한다. 겉으로 보기에는 아무런 위협이 되지 않는 하마처럼, 겉으로는 괜찮아 보이는 리더의 결정이 혼자 내린 결정이라면 큰 실패를 초래할 가능성이 커진다. 조직에 큰 위협이 될 수 있다.

리더는 자신의 의견이 하마가 되지 않기 위해 의사결정 이전에 구성원의 의견을 구한다. 본인의 의사결정을 지원하기 위한 하나의 수단으로 회의를 개최하는 절차를 거친다. 책임이 따르는 결정을 하기에 앞서 리더도 불안을 느낄 때가 있다. 스트레스를 받을 때 달콤한 음식으로 배를 채우는 '감정적 식사'와 같이 리더는 자신의 불안을 잠재우기 위한 '감정적 회의'를 개최함으로써 불안을 해소한다.

개최된 회의에서 리더는 자기 생각이, 의견이, 결정이 어떠한지 구성원에게 질문한다. 리더로부터 던져진 질문에 반대 의견을 내는 구성원은 찾아보기 힘들다. 그렇게 침묵은 동의로 받아들여지게 된다. 리더는 자신의 결정이 옳았다는 착각과 위안을 얻으며 회의는 종료된다. 이렇게 진정으로 조직에 큰 위협이 되는 큰 하마가 만들어지게 된다. 구성원의 의견까지 한번 구했으니 겉으로는 아무런 문제가 없어 보이지만 실상은 다르다. 그 결정이 언제 위협적이고 포악한 하마가 되어 조직을 공격할지 모른다.

왜 구성원은 반대 의견을 내지 않았을까? 투명성의 착각illusion of transparency 때문이다. 내가 알고 있는 걸 상대도 알고 있을 것이라고 착각한다. 구성원은 자신이 생각해낸 우려 사항을 당연히 리더가 고려했을 것으로 생각한다. 괜히 말을 꺼냈다가 다른 구성원이 보는 앞에서 리더를 의심하게 되는 꼴이 되니 침묵하는 편이 안전하다.

왜 구성원은 반대 의견을 내지 못했을까? 정보 시그널 효과 informational signal effect 때문이다. 리더의 의견이 무조건 옳다고 여기기 때문에 반대 의견을 제시하지 못한다. 사회적 압력social pressure을 느끼기 때문에 반대 의견은 마음속에 담아둘 뿐 입 밖으로 꺼내지 못한다.

구성원이 리더의 의견에 반대하는 것이 쉽지 않다는 것을 리더는 모를까? 알기 때문에 리더는 자연스럽게 의견을 기다리기보다 다음과 같이 질문한다. '김 과장은 어떻게 생각하나요?', '돌아가면서 한번 의견을 들어볼까요?' 다음과 같은 질문 방식을 저격형 질문 혹은 시간폭탄형 질문이라고 부른다. 명칭에서 느껴지듯이 매우 공격적이며 상대방을 당황시키는 질문 방식이다. 강제성을 띈 질문에 구성원은 침묵하거나 설익은 답변을 내놓게 된다. 다른 구성원들은 언제 자기 차례가 올지 눈치를 보거나 긴장한다. 다른 구성원이 말하는 동안 듣기보다 자신의 답변을 생각하기 바쁘다.

질문에 답을 얻기 원한다면 리더는 누군가를 지목해서 질문하기보다 전체에게 질문해야 한다. 그 이후 생기는 침묵을 견디지 못하고 다시 누군가를 지목해서는 안 된다. 침묵의 시간을 주고 먼저 개인별로 적게 만들어야 한다. 그리고 다시 전체에게 질문해야 한다. 그래도 침묵이 또 생긴다면 옆 사람과 먼저 적은 내용을 바탕으로 대화를 나누게 해야 한다. 머릿속의 생각을 종이에 먼저 꺼내 놓게 하고, 종이 위에 꺼내 놓은 생각을 옆 사람과의 대화를 통해 입 밖으로 꺼내 놓게 하자.

리더라면 답할 수 있게 물어야 한다. 침묵이라는 벽을 눕힐 수만 있다면 구성원의 의견을 듣는 다리가 될 수 있지 않겠는가?

어떻게 중립성을 지킬 것인가

헨리

어떤 사건에 대해 정보가 불충분하거나 반대 증거가 충분히 나올 만한 상황에서 상황을 더 지켜보고 의사표시를 하겠다는 의미로 "중립기어를 박는다"라는 말이 있다. 이슈 하나하나의 진위를 가리기 힘들고 뒤집히니 섣부르게 판단하지 않고 관망한다는 뜻으로 각종 커뮤니티에서 사용되고 있다.

리더는 스스로 중립기어를 박고 있는지, 색안경을 끼고 있진 않은지, 눈에 보이는 사실만을 보고 잘못된 판단을 하고 있진 않을지 의식할 필요가 있다. 상당수의 리더는 회의를 독점하거나 무의식 중에 자기 생각이나 의견을 내비치는 경우가 많다. 리더의 한 마디는 무게 추가 무거워 참여자들이 의견을 피력할 수 있는 자유로운 분위기를 위축시키기도 한다. 그렇다면 리더는 어떻게 중립성을 확보해야 할까?

리더는 중립적으로 경청할 줄 알아야 한다. 적극적으로 공감하고 받아들이는 태도로 경청하는 것이 중요하다. 이미 내가 옳다고 판단한 뒤 열린 마음으로 듣지 않고 자신의 차례가 발언할 내용을 정리하는 '장전의 시간'이 되지 않도록 한다. 상대방도 실무 영역에서 의미 있는 인사이트를 제공하고 있음을 충분히 인식하고 인정할 줄 알아야 한다. 리더가 보드에 그들의 발언을 정리·기록해 준다면 구성원들에게 내가 이 회의에서 존중받고 있고 꼭 필요한 일원임을 각인시켜 줄 수 있을 것이다. 구성원이 아이디어와 의견을 편안하게 낼 수 있는 분위기를 조성하는 데는 리더의 노력이 필요하다.

리더는 누구에게나 공정하게 처신할 줄 알아야 한다. 갈등이나 중재, 조율의 상황에서 소극적인 반응으로 맥락을 이해하며 들으려는 태도가 필요하다. 마음속으로 동의하지 않았다고 싫은 티를 내거나 다르다고 비아냥거리거나 무시하는 스탠스를 취하지 않아야 한다. 고개를 끄덕이거나 맞장구치지도 않아야 한다. 모든 의견을 수용하는 태도이되 그 과정에서 동의, 칭찬, 질색을 표하게 되면 중립성을 잃을 수 있으니 스스로 의식하며 경계해야 한다. 리더의 은연 중 행동도 발언자 입장에서 충분히 캐치되고 주눅들게 할 수 있다.

리더는 발언을 억제할 줄 알아야 한다. 회의에서 내 발언에 치우처져 있는지 의식을 하면서 회의에 임해야 한다. 구성원 모두의 아이디어들이 힘을 발휘할 수 있으려면 즉각적 해법을 제시함으로써 구성원들을 도와 주고자 하는 충동을 억제해야 한다. 자신이 생각했던 입장과 다른 태도를 보이더라도 '의견을 가장한 억압'을 하지 않도록 한다. 속속들이 내 생각을 밝히고 가치판단을 하며 의사결정을 한다면 참여자 입장에서는 자연스럽게 리더의 눈치를 살피며 리더의 권위를 침해하지 않으려 하고 입을 닫을 뿐이다. 질문을 통해 자신이 의도하는 방향으로 답변을 이끌거나 경고 메시지를 보내지 않도록 해야 한다.

수동적인 리더가 되어야 한다는 말을 하는 게 아니다. 사람이 많은 조직일수록 여러 가지 의견이 나오기 마련인데 모든 의견을 전부 결정에 반영할 수는 없다. 좋은 리더는 우선 결단력도 필요하다. 결정을 하는 데 있어 다른 구성원들의 의견을 들을 줄 아는 관용 역시 필요하다. 즉 조직 구성원 모두가 자유롭고 편안한 분위기에서 발언할 수 있도록 하되, 그 발언들에서 중요한 것을 중립적으로 골라 선택할 수 있는 것이 중요하다. 리더의 중립성은 회의에서 중요한 요소이다.

회의는 생산적이어야 하고 집단지성을 활용하는 자리여야 한다. 회의는 리더에게 보고하거나 자문을 구하는 자리가 아니다. 개인 차원에서도, 회사 차원에서도 시간이 아까운 회의가 그저 낭비되면 안 된다.

따뜻하지만 무능한 상사 vs 유능하지만 차가운 상사

찰스

요즘 유행하는 밸런스 게임처럼 '따뜻하지만 무능한 상사 vs 유능하지만 차가운 상사'는 직장인들에게 고민되는 선택일 수 있다. 여기저기 들어보면 유능하지만 차가운 상사가 더 낫다는 의견이 많은 것으로 보인다.

최근 다양한 기업에서 연령이나 직위가 아닌 역량 위주의 인사제도 개편에 나섰다고 한다. 삼성의 경우 MZ세대의 요구를 반영해 평가와 승진 모두 공정성을 높이는 방향으로 성과가 좋으면 과감하게 승진시킨다는 거다. 30대 직원도 임원이 될 수 있고 40대 직원도 CEO가 나오는 분위기를 조성하겠다는 것이다. 즉 유능함에 초점을 둔 개편이라고 볼 수 있다.

유능한 구성원이라면 초고속 승진이 가능하다는 점은 연하 상사, 연상 부하의 비중이 늘어날 수 있음을 의미한다. 다만, 직장에서 후배가 상사가 되고 선배가 후배가 되는 현상은 전통적인 한국 사회의 연공 서열과는 거리가 있는 만큼 조직 내 갈등으로 작용할 수 있다는 이슈가 있다.

또한 이러한 인사제도 개편의 결과는 과거 어느 때보다 '경쟁'이라는 측면이 강하게 부각되고 있다는 점도 주목해 볼 수 있다. 조직의 측면에서 보자면 경쟁이 적당하면 성과 측면에서 긍정적인 효과를 내기도 한다. 하지만 개인의 측면에서 보자면 승자와 패자가 갈리는 상황에서 필연적으로 '시기심'이라는 감정이 발생하며 구성원의 감정에 대한 조직 내 관심이 추가적으로 요구된다.

본래 시기심이라는 감정은 남이 잘되는 것을 샘하고 미워하는 마음으로 심리학에서는 슬픔과 분노가 조합된 감정으로 이러한 감정이 발생하는 경우 시기의 대상이 되는 사람을 끌어내리려는 보복 행동이 유발된다.

한 가지 예로 영화 <아마데우스>를 통해 살펴보면, 살리에리는 모차르트가 등장하기 전까지 명망 있는 음악가로 엄청난 노력 끝에 궁정악장까지 오른다. 그러던 어느 날 살리에리는 우연히 모차르트의 공연을 보고 그의 천재성에 감탄하지만 살리에리가 지켜본 모차르트의 일상은 방탕하고 오만방자하였다. 살리에리는 모차르트의 천재성과 태도에 대해 시기하며 모차르트를 증오하는 캐릭터로 설명된다. 반면 모차르트는 자신의 성취에 대한 도취, 과도한 자랑, 타인과의 공감 부족을 특징으로 하는 성격을 지닌 나르시시즘을 지닌 캐릭터로 설명될 수 있다. 이러한 모차르트와 살리에리의 관계는 현재 조직의 유능하지만 차가운 리더와 구성원들 사이에서 나타날 수 있는 문제이기도 하다. 모차르트와 같은 리더가 이끄는 조직의 부하들은 조직을 떠나려 하고 심지어는 리더에 대해 공격행동을 보이기도 한다는 점에서 그렇다.

그럼 연하 상사와 같이 유능함을 인정받은 리더가 효과적인 리더십을 발휘하려면 어떻게 하는 것이 좋을까? 그 답은 결국 따뜻함이다. 심리학자 피스케는 사람들이 타인의 인상을 결정짓는 핵심 요소 두 가지를 따뜻함과 유능함으로 정의하였다. 따뜻한 사람에게는 가까이 다가가 도와주고 싶은 마음을 가지게 되고 차가운 사람에게는 공격하고 싶은 마음을 갖는다. 따라서 리더가 따뜻함 없이 유능감만 높은 경우 구성원으로 하여금 적대적인 부러움과 공격성을 가지게 만드는 '유능한 밉상'의 리더로 판단되고, 따뜻함과 유능함이 모두 높은 경우는 구성원으로 하여금 '호감 가는 최고의 리더'로 느낀다는 것이다.

따라서 리더는 구성원에게 경쟁자로 보이기보다는 친구로 인식되는 것이 가장 중요하며, 일단 구성원이 친구로 인식되고 거기에 유능함까지 있다고 생각되면 존경과 같은 감정을 경험하게 되는 것이다. 오늘날의 조직에서 필요한 리더는 겸손하면서도 능력 있고, 또 인간에 대한 애정을 가진 사람이다. 조직에 속한 구성원 한 사람 한 사람이 자기의 역량을 발휘할 수 있도록 돕기 위해 리더가 스스로의 역량을 갖추어야 한다. 또한 경쟁 사회에서 자신이 승자라는 사실에 도취되지 말고 낮은 자세로, 사람 한 명 한 명에게 애정을 가진다면 많은 이를 감동시키고 또 변화하게 만드는 좋은 리더가 될 수 있다.

더 이상 구성원들이 '따뜻하지만 무능한 상사 vs 유능하지만 차가운 상사' 두 가지 사이에서 고민하지 않을 수 있도록 '유능하고 따뜻한 리더'라는 선택지를 실제로 볼 수 있길 바란다.

자신을 돌아볼 줄 아는 리더

다니엘

'옌호'가 공작의 후계자를 가르칠 사부로 임명되었다. 그는 추포유를 찾아가 조언을 구했다. "저는 사악하고 포악한 성정을 가진 자를 가르쳐야 합니다. 그런 자를 어떻게 다루어야 하겠습니까?" 추포유가 대답했다. "그렇게 물어오시니 매우 기쁩니다. 당신이 제일 먼저 해야 할 일은 그를 바꾸는 것이 아니라 당신의 인격을 닦는 것입니다."

리더들에게 리더십의 요소 중 가장 중요한 것을 뽑아보라고 하면 성과, 목표, 사람 등을 얘기한다. 정작 자기 자신을 얘기하는 사람은 거의 없다. 리더십 분야의 대가 중 한 명이었던 워렌베니스는 '리더가 된다는 것은 자기 자신이 된다는 것과 동의어이다'라고 말했다. 훌륭한 리더의 핵심 행동 중 하나는 자신을 관리하는 것이다. 자기성찰이 안 되는 리더는 조직을 병들게 하고 지치게 만든다.

그러나 자신을 관리하고, 자신을 아는 것은 쉬운 일이 아니다.

그래서 소크라테스도 '너 자신을 알라'라고 일갈했는지 모르겠다. 자기성찰을 위해서 리더가 할 수 있는 행동은 무엇이 있을까.

첫 번째 행동은 복기復棋이다. 과거에 모셨던 P상무가 있다. 그녀는 다른 리더들에 비해서 자신의 행동을 많이 돌아보는 편이었다. 그녀가 하던 행동은 간단하다. 퇴근 시간을 이용하는 것. 사람들이 퇴근한 조용한 시간에 자신이 했던 행동을 시간대별로 정리해 본다고 한다. 그녀가 추천하는 가장 좋은 방법은 하루 종일 만난 사람들을 떠올리는 것이다. 이 때 이메일이나 전화 통화, 문자 메세지 등도 포함하여 생각한다. 그런 다음 한 명씩 그 사람과 나눈 대화를 생각해보고, 가장 기억에 남는 장면들을 리스트업한다. 이 때 즐거웠던 대화보다는 명확성이 부족했던 말과 상대를 아프게 한 말은 없는지 생각해 본다고 한다.

두 번째 행동은 자신의 강점을 인식하고 약점을 보완하는 것이다. 그러기 위해서는 철저히 혼자가 되는 시간을 가지면 좋다. 사실 리더들만큼 사람과 함께 보내는 시간이 많은 사람도 또 없다. 그러다 보니 자기와의 시간이 부족하다. 1주일에 한 번 적어도 1개월에 한 번 오로지 자신만을 위한 시간을 4시간 이상 가져보는 것이 필요하다. 다른 모든 것으로부터 떨어져서 오직 자신과 함께하는 시간을 가지는 것이다. 루틴하게 만들어두면 좋다. 예를 들어 주말 오전 등 시간대를 정하고 그 시간에는 같은 카페 같은 자리에 앉는 것이다. 이 때는 과거가 아닌 미래의 관점에서 향후 계획과 그 계획을 수행하기 위해 요구되는 수단과 역량을 분석하면 좋다. 이 과정을 통해서 자신의 강점과 약점을 발견할 수 있게 될 것이다.

세 번째 행동은 꾸준한 학습을 통해 역량을 개발하는 것이다. 리더들의 자기개발은 본인의 책임이며, 그런 면에서 리더란 스스로 발전하는 존재라고 하는 것이 적절하다. 따라서 현실에 대한 깊은 성찰을 바탕으로 명확한 방향성Orientation과 비전을 유지해야 한다. 『논어』「위정편」에 나오는 문장을 곱씹어보기 바란다. 배우기만 하고 생각하지 않으면 남는 것이 없고, 생각만 하고 배우지 않으면 허황되고 위태롭게 된다子曰 學而不思則罔, 思而不學則殆.

리더는 기준을 만드는 사람이다. 어떤 것은 의도적으로 만들고, 어떤 것은 자신도 알지 못하는 사이에 만들어진다. 경험이 많은 리더일수록, 해당 부문을 오랫동안 이끈 리더일수록 수없이 많은 기준들이 조직에 난립할 것이다. 그래서 필자는 지속적으로 성공하는 리더들은 '자신이 만든 기준을 깰 줄 아는 용기를 가진 사람'이라고 생각한다. 기준을 깨기 위해서는 자신을 면밀하게 돌아보는 과정이 필요하다. 오늘이 그런 날이 되길 바란다.

말을 아끼는 용기

다니엘

좋은 회의를 만드는 데 리더의 역할은 매우 중요합니다. 필자는 회의는 리더만이 바꿀 수 있다고 주장하고 있습니다. 리더가 어떻게 행동하는가에 따라 회의는 의미 있는 결과를 만들기도 하고, 차라리 하지 않은 것이 더 나을 수도 있습니다. 리더가 어떻게 행동해야 할까요? 회의 리더들에게 중요한 것은 경청이라고 말합니다. 맞습니다. 그러나 필자는 그전에 말을 아끼는 용기가 선행되어야 한다고 생각합니다. 우리는 대부분 듣는 것을 배워야 한다는 말을 많이 듣습니다. 실제로 듣는 것은 매우 중요합니다. 회의에 참석하는 리더에게 경청보다 중요한 것은 마지막에 말하는 법을 배우는 것입니다.

우리가 관찰했던 회의실에서 봤던 광경입니다. 다급하게 회의실에 들어오는 A상무가 있었습니다. 많은 리더들은 대부분 마지막에 들어오거나 다른 회의 때문에 아주 늦게 들어옵니다. 심지어 회의가 끝날 때쯤 들어오는 경우도 있습니다. 물론 중간에 나가는 경우도 있고요. A상무는 매우 추진력이 강한 스타일이었습니다. 바로 상황을 파악하고 "이제부터 제가 진행하지요. S2018 제품 생산 과정에 문제가 있었습니다. 다들 알고 있지요. 어제 저녁에 보고를 받고 지금까지 상황 파악을 하고 온다고 늦었습니다. 제 생각은 이것이 문제입니다. 여러분 생각이 어떤지 궁금하네요. 한 명씩 돌아가면서 얘기해 볼까요?"라고 말했습니다. A상무의 "제 생각은 이래요"에는 아주 구체적인 정보와 숫자, 계획을 담고 있었습니다. 그리고 이후 구성원의 생각을 듣는 질문을 했습니다. 질문은 회의에 있어 아주 중요한 도구입니다.

질문하는 리더는 훌륭합니다. 그런데 리더들은 늘 하소연합니다. "우리 멤버들은 정말 생각이 없는 것 같아요. 나는 이렇게 고민해서 질문을 하는데 아무도 답변을 하지 않고, 답이라고 얘기하는 것은 모두 쓰레기입니다." 회의 참석자만의 잘못일까요? 리더는 이미 실수를 했습니다. 먼저 자신의 의견을 말한 것입니다. 그럴 수도 있지 않습니다. 이것은 치명적입니다. 만약 그렇게 의견을 전달할 것이었다면 질문할 필요도, 회의를 할 필요도 없었습니다. 그냥 지시하면 되는 일이었습니다. 회의 리더는 다른 사람들이 모두 말을 마칠 때까지는 자신의 의견을 아껴두어야 합니다. 정확하게 표현하면 말하고자 하는 욕망을 누르는, 옥죄는 용기가 필요합니다. '말을 아끼는 용기'라고 부르겠습니다. 말을 아끼는 것은 기술이라기 보다는 용기에 가깝기 때문입니다. 말을 아끼는 용기는 두 가지 역할을 합니다.

첫 번째는 모든 사람들에게 그들의 말이 경청되고 있다는 느낌을 줍니다. 다시 말해 본인 스스로가 회의에 무언가를 기여하고 있다는 생각을 갖고, 자신감을 가질 수 있습니다. 두 번째는 리더의 의견 전에 다른 사람들은 어떻게 생각하는지 들을 수 있다는 것입니다. 가장 중요한 것은 자신의 생각이 나오지 않도록 잘 잡아두는 용기입니다. 그리고 차분히 앉아서, 사람들의 얘기를 듣는 것입니다.

당신이 해야 할 일은 먼저 의견을 제시하지 말고 질문을 하는 것입니다. 그래야 회의 참석자가 하는 말의 진짜 의미와 왜 그런 생각을 갖게 됐는지 알 수 있기 때문입니다. 이 부분은 반드시 이해하고 넘어가야 합니다. 상대가 어떤 맥락에서 말하고 있는지, 어떤 이유에서 그 의견을 갖게 되었는지. 겉으로 보여지는 껍데기가 아니라 구성원들의 생각을 듣다 보면 리더인 당신의 차례가 옵니다. 이 때 당신은 사람들의 생각을 사려 깊게 종합하여 판단해야 합니다. 회의는 쉬워 보이지만 결코 쉽지 않습니다. 마지막에 발언하는 회의 리더가 되어 보시길 바랍니다. 말을 아끼는 용기를 발휘함으로써 당신은 더 큰 수확을 얻을 것입니다.

여전히 개인의 성장과 회사의 성장이
무관하다고 생각되는가?

그렇다면 당신은 아직 듣지 못하고 있다.
괜찮다 믿고 싶은 조직을 파고드는 균열음을 말이다.

PART
2

조
직
문
화

성공도 실패도 모두 우연이 아니다

제임스

한 시간의 강연으로 8억 원이라는 금액을 받는 사람이 있다면 믿겠는가? 그 사람은 바로 세계적인 비즈니스 컨설턴트이자 성공학 분야의 대가인 브라이언 트레이시이다. 그는 불우한 환경에서 태어났지만, 결국 성공한 인물이다.

브라이언 트레이시가 성공할 수 있었던 이유는 무엇일까. 그 이유를 듣고자 수많은 사람이 그를 찾아와 조언을 구한다. 그리고 그렇게 찾아온 사람들에게 브라이언 트레이시는 다음과 같이 말한다.

"나에게 누군가에게 조언할 수 있는 5분이 주어진다면, 나는 그 사람에게 목표를 설정하고, 그것을 성취하기 위한 계획을 세우고, 날마다 그 계획을 실천하기 위해 노력하라고 말할 것입니다."

이처럼 브라이언 트레이시는 성공하는 사람과 그렇지 못하는 사람의 차이를, 실패하는 조직과 그렇지 않은 조직의 차이를 올바른 '목표'에서 찾고 있다. 성공도 실패도 모두 우연이 아닌, 목표에 있다는 것이다. 그렇다면, '목표'라는 핵심 키워드를 가지고 사람들을 분류해 본다면 어떻게 나눌 수 있을까.

첫 번째, 목표 자체가 없는 사람이 있다. 대개 어떤 목표를 가져야 할지 몰라서 목표가 없는 경우와 목표가 왜 중요한지 필요성을 인식하지 못하는 경우가 있다. 보통 전자의 경우는 시간이 걸리더라도 목표를 찾기 마련이다. 어떤 목표를 가져야 할지 모른다는 것 자체가 목표에 대한 고민이 이미 시작되었다는 반증이기 때문이다. 그러나 목표의 필요성 자체를 느끼지 못하는 사람은 먼저 목표를 가지는 것이 왜 중요한지를 알아야 한다. 목표를 세우면 목표가 그 사람을 이끈다고 말한다. 목표를 가지고 생각대로 살지 않으면, 사는 대로 생각하게 된다며 목표의 중요성을 강조하는 경우도 있다.

헬렌 켈러의 말처럼 사람에게 눈이 보이지 않는 것보다 더 비극적인 일이 있다면 시력은 있되 비전이 없는 것이다. 명확한 목표가 있는 사람은 가장 험난한 길에서조차도 앞으로 나아갈 수 있지만, 아무런 목표가 없는 사람은 가장 순탄한 길에서조차도 앞으로 나아가지 못하는 맹인과도 같기 때문이다. 어디로 향해야 하는지 알지 못하는 배에는 순풍도 도움이 되지 못하듯이 말이다. 그래서 먼저 질문해 보아야 한다. 나를 설레게 하는 나의 목표는 무엇인지.

두 번째, 목표는 있는데 뭔가 부족한 목표를 가진 사람이 있다. 대개 목표를 잘못 설정한 경우이다. 구체적인 계획과 기한을 정하지 않은 목표가 이 유형에 속한다. 먼저, 목표는 최대한 구체적이어야 한다. 목표가 구체적일수록 구체적인 결과를 가져오기 때문이다. 구체적이지 못한 막연한 계획은 막연한 결과가 아닌 아무런 결과도 가져오지 못하는 것을 우리는 알 수 있다. 구체적인 계획을 수립한다는 것은 목표를 달성하기 위한 계단을 만드는 것과 같다. 높은 산을 등산할 수 있는 이유는 길이 있기 때문이다. 높은 빌딩을 올라갈 때 벽을 타야 한다면 누가 빌딩을 올라갈 수 있을까. 하지만 계단이 있다면 시간 문제이지 누구나 올라갈 수 있을 것이다. 그렇기 때문에 자신의 보폭과 체력을 고려해 목표로 올라가는 단계별 계획을 고민해야한다. 그리고 계획을 세울 때는 발생할 수 있는 장애물은 무엇인지 미리 생각하고 사전에 대응할 수 있도록 계획에 반영하는 것이 좋다. 기억해야 할 것은 목표를 달성하는 데 우리가 마주하는 장애물과 같은 벽은 눕히면 목표로 향하는 다리가 된다는 것이다. 모든 기회에는 어려움이 있고, 모든 어려움에는 기회가 있을 수 있다.

마지막 유형으로는 올바른 목표를 가지고 있지만 용기가 없는
사람이다. 이때 필요한 것이 바로 목표를 향해 같이 나아갈 동
료이다. 나를 향한 지지와 격려를 아끼지 않는 조력자이다. 성
공하는 조직은 이러한 조직문화를 가지고 있다. 그것이 바로
그들이 성공하는 이유이다. 올바른 조직문화 안에서 사람들은
멈추지만 않으면 넘어져도 괜찮다는 믿음을 가진다. 그렇기에
용기를 가진다.

막내 신입사원 연쇄 실종사건

리사

"휴대전화도 안 받고, 메시지도 안 읽네요."

"……또 실종이군. 세 번짼가?"

강력범죄를 일망타진하는 형사들의 대화. 심장을 조여올 서스펜스가 펼쳐질 영화 속 한 장면. 반전의 반전을 거듭할 사건 속으로 소용돌이치는 분위기. 무엇을 상상하든 다 틀렸다. 저 얘기가 시작된 곳은 평범한 사무실이고, 심각해진 이들 역시 그냥 직장인일 뿐이니까. 돌연 증발한 사람도 팀장이 '막내'라 부르는 신입사원이었다. 진짜 실종도 아니다. 잠수 퇴사. 일언반구 없이 출근하지 않는 상황에 '실종'이란 이름을 붙였을 뿐이었다.

몇 년 전 다녔던 작은 회사. 그곳에선 기이한 사건이 연쇄적으로 벌어졌었다. 채용된 신입사원마다 얼마 가지 않아 실종된다는 거였다. 한 달, 일주일, 그리고 하루. 사라지는 기간도 점점 짧아졌다. 첫 실종자였던 신입사원이 돌연 무단결근을 했을 때,

어떤 사달이 난 게 아닐까 걱정했더랬다. 애태우며 며칠간 집요하게 연락했더니, 직원 어머니께 답장이 왔다. '우리 딸 몸이 좋지 않아 회사 그만둡니다.' 당혹스러웠다. 실종되기 전날 퇴근 시간, 그녀가 내게 보여준 건강한 미소는 무엇이란 말인가.

팀장에게 사건 경위를 보고하자 힐난이 이어졌다. '요즘 것들'로 시작된 비난은 이젠 아침드라마에서조차 쓰지 않는 대사를 그대로 가져온 듯했다. 첫 사건은 '사람 문제'로 매듭지었다. 하지만 '요즘 것들'의 실종은 여기서 멈추지 않았다. 두 번째 신입사원은 일주일 만에, 세 번째 신입사원은 하루 만에 사라져 버렸다. 이쯤 되면 책임은 외부가 아닌 내부에 있는 셈. 팀장의 칼날이 팀원들에게 향했다. 대체 어떻게 했길래 하루 만에 관두냐는 거였다. 진짜 문제가 수면 위로 떠오르는 순간이었다.

팀장은 '팀원'이 아닌 '팀원들'에게 화를 냈다. 대상이 명확하지 않았던 이유. 그건 신입사원에게 정해진 사수가 없던 탓이다. 매번 '내일 신입사원 오면 다들 잘 챙겨줘'란 말로 뭉뚱그렸다. 당시 팀은 콘텐츠를 제작하는 곳이었는데, 팀원마다 직무가 달랐다. 매번 채용에 실패한 신입사원 역시 정해진 직무가 있었다. 그리고 팀에는 해당 직무를 담당 중인 직원도 존재했다. 그 직원이 사수 역할을 맡아야 했지만, 출장과 외근이 잦았다. 현장에 무방비 상태의 신입사원을 데려가기도 쉽지 않았다. 인력은 부족한데 인력이 채워지지 않는 상황. 매번 가장 큰 짐을 지고 있는 것 역시 그 팀원이었다.

팀장은 책임을 전가할 목표물이 없단 걸 깨닫자 인사 담당자에게 전화했다. 채용공고 방식을 트집 잡기 위해서였다. 하지만 돌아온 답변에 한번 더 촌철살인 당했다.

"여기가 대기업도 아니고…… 신입사원한테 많은 요건을 바라니까 그렇죠. 들어오는 이력서가 없어서, 제가 구직자 이력서를 몇 개나 열람한 줄 아세요?"

사실 우린 알고 있었다. 왜 이런 일이 연쇄적으로 벌어졌는지. 작은 회사라서? 초봉이 빈약해서? 사수가 없어서? 신입사원에게 원하는 게 많아서? 이것도 원인이었겠지. 하지만 더 큰 문제는 '조직의 인상'이었다. 누가 봐도 눈앞에 놓인 일들을 해치우는 데 급급한 분위기. 개인 성장으로 이어질 포트폴리오를 쌓기 어려운 업무. 이뿐인가. '소통'도 원활하지 않았다. 리더는 사무실에서는 까라면 까고, 회식에선 술 한잔 기울이며 진솔해지길 바랐다. 글쎄…… 그건 '소통'이 아닌 '쇼;통'이 아닐까?

눈치껏 배우고 알아서 이해하는 시절도 있었다만, 지금은 한 회사에 진득하게 머물며 더딘 성장을 해 나가는 게 미덕이라 여기는 이들이 적다. 사람은 적어도 세 번 이상은 만나봐야 알고, 결혼은 사계절은 지내봐야 결심할 수 있단 말이 아직 유효한지는 모르겠으나, 회사는 다르다. 기업 밖에서도 기업 안 사정을 어렵지 않게 알아낼 수 있는 요즘. 주니어 연차 직원의 이탈로 근심하는 회사가 늘어가는 현재. 이젠 '회사가 바라는 인재상'에 골몰할 게 아니라 '인재가 원하는 회사상'에 주목할 때가 아닐까.

여전히 개인의 성장과 회사의 성장이 무관하다고 생각되는가? 그렇다면 당신은 아직 듣지 못하고 있다. 괜찮다 믿고 싶은 조직을 파고드는 균열음을 말이다.

올림픽에 깃드는 성장 마인드셋

에일린

필자가 어린 시절 올림픽을 볼 때의 기억이다. 그때엔 금메달을 따면 금광을 발견한 것처럼 온 나라가 들썩들썩했다. 금메달을 딴 선수는 애국을 한 것이나 다름이 없었다. 반면 우리나라 선수가 최선을 다해 은·동메달을 따왔다고 해도 그를 바라보는 분위기는 달랐다. 선수의 인터뷰는 죄인인 것마냥 "죄송합니다"로 시작되었고, 우리나라의 뉴스나 해설에는 '아쉬운 은메달', '안타깝게 동메달에 그쳐…'라는 수식어가 붙었다. 준결승이나 결승에서 우리나라 선수가 뒤쳐지기라도 하면 결과를 다 보기도 전에 텔레비전은 꺼지기 일쑤였다.

그런데 최근 몇 년 사이에 올림픽을 보는 시선이 달라지고 있다. 일례로 남자 피겨스케이팅에서 주목받는 국가대표 차준환 선수를 보자. 그는 지난 평창올림픽에서 16세의 어린 나이로 출전해 싱글 부문 15위를 거두었다. 사람들은 남자 피겨 불모지인 한국에서 우수한 선수가 나왔다는 사실과 그가 무려 15위를 거두었다는 것에 주목했다. 그리고 그는 신체의 성장만큼이나 실력을 갈고 닦아 4년 후 이번 베이징올림픽에서 4위를 했다. 사람들은 3위가 아닌 4위라고 말하지 않았다. 이 선수가 그간 각종 대회와 시즌마다 점차 실력이 상향되는 모습을 보여주면서 얼마나 성장했는지를 이야기하며 놀라워했고 감탄했다. 다음 올림픽에서 얼마나 달라진 모습을 또다시 보여줄지 기대하고 응원했다.

쇼트트랙 최민정 선수는 어떠한가. 평창올림픽 1500m와 계주에서 금메달을 획득하며 뛰어난 실력을 인정받는 선수였지만 1000m에서는 경기 도중 다른 선수와 충돌해 개인전 메달 도전을 하지 못했다. 그런 그가 이번 개인전 1000m에서 은메달을 획득했다. 우승 후 인터뷰에서 내내 서러운 눈물을 흘리는 그녀를 보고 리포터는 아쉬워서 우는 것인지 걱정하며 질문했다. 하지만 그녀의 답변은 달랐다. 준비하고 연습하는 과정에서 어려움도 시련도 있었지만 경기에 최선을 다해서 은메달을 따냈기에 흘리는 후련함과 감격의 눈물이었던 것이다. 이런 현상은 지난 도쿄올림픽 때도 마찬가지였다. 금메달을 따낸 종목에도 더 없는 찬사를 보냈지만 그 외 순위권에 있는 선수들이나 비인기 종목을 향해서도 사람들의 응원이 쏟아졌고 관심이 다양해진 것이다. 선수들도 승부에 집착하기보다 침착하게 승부에

임하는 순간을 즐기는 모습이 많이 포착되었다.

이제 사람들은 더 이상 대한민국 선수가 메달권에 진입했는지, 무슨 메달을 땄는지를 중요하게 생각하지 않는 듯하다. 과정이 정정당당했는가, 이 선수가 최선을 다했는가, 잠재력을 보여주며 지난번보다 성장했는가를 주목하기 시작한 것이다. 일각에서 전문가들은 사람들의 민족주의적 경향이 예전보다 옅어졌고 순위를 떠나 선수들의 도전과 경기 그 자체를 즐기는 문화가 강해졌기 때문이라고도 말한다.

이런 변화를 보며 혹자는 성장 마인드셋을 떠올리지 않았을까. 캐롤 드웩은 스탠퍼드대의 심리학 교수이자 사회심리학과 발달심리학 분야의 최고 권위자로서, 개인의 행동에 대한 성과나 실패에 대한 반응을 성장 마인드셋growth mindset과 고정 마인드셋fixed mindset으로 분류했다. 고정 마인드셋은 개인의 능력과 재능은 타고난 것이며 증감되지 않는 것이라고 보는 관점인 반면, 성장 마인드셋은 자신의 노력과 열정을 투입하는 만큼 능력이 나아지고 발전할 수 있을 것이라고 보는 관점이다. 이런 성장 마인드셋을 가진 사람일수록 실패로부터 좌절이나 패배감을 느끼기보다 경험을 통해 배울 점을 찾고 성장의 기회로 여기며 금방 딛고 일어날 수 있다. 올림픽 경기를 보는 관중들의 마음이나 선수들의 태도가 이 성장 마인드셋으로 점차 옮겨 가는 듯하다. 선수들은 경기 자체를 즐기면서 최선을 다했으니 후회가 없다고 말하며, 관중들은 정정당당하게 승부를 겨루고 결과를 떠나 당당한 선수들을 보며 아낌없는 박수와 여전한 기대를 보내는 것이다.

필자는 이 현상을 보면서 조직에도 성장 마인드셋이 좋은 이론으로만 그치는 것이 아니라 구성원 모두가 서로를 보는 프레임이 되었으면 좋겠다는 바람이 생겼다. HBR이 2014년 발표한 내용을 보면 성장 마인드셋을 가진 구성원들은 직장 동료에 대한 신뢰 가능성 47%, 주인의식을 가지고 조직에 헌신할 가능성 34%, 자신의 회사가 혁신을 추구한다고 말할 가능성이 49% 더 높았다. 또한 이들은 배움과 성장에 대해 적극적이고, 혁신성과 협업 마인드에도 높은 점수를 주었다. 이런 구성원들이 조직에서 행복도가 높고, 더 혁신적이며 도전 정신이 강한 문화를 만들어 가는 것이다.

조직 특성상 성과에 집중해야 하는 시기가 있기도 하고, 직무에 따라 구성원들을 성장 마인드셋으로 보기가 어려운 지점이 존재할 수도 있다. 그러나 이제 기업에서 많은 비중을 차지하고 있는 MZ세대 구성원이 개인의 성장과 일에 대한 동기부여를 중요하게 생각하는 만큼 이들 스스로가 성장 마인드셋을 가질 수 있도록 조직 차원에서 독려하고 리더 역시 이들을 성장 마인드셋의 관점으로 보는 일이 중요해질 것이다. 실제로 이들의 조직 적응과 온보딩을 위해 이전과는 다른 방식의 피드백과 코칭이 필요하다는 것에 공감대가 점점 높아지고 있다. 특히 조직의 리더는 이들이 업무적으로 소진되지 않도록 정서적으로 지원해 주고 자신의 업무 역량이 성장하고 있다는 사실에 보람을 느낄 수 있도록 지원해야 한다.

이러한 피드백 사이클이 유지된다면 어느 시점에서 구성원은 자신의 업무를 주도적으로 이끌고 관리하는 잡크래프팅을 통해 긍정적인 경험을 스스로 획득해 나갈 것이다. 구성원은 믿어주고 기다려 주고 응원해 주면 더 큰 성장으로 보답한다. 필요한 일이다. 하지만 이 역시도 내 기준으로 그의 성장을 볼 것이 아니라 그의 기준에서 바라보아야 한다. 그가 어제보다 오늘 더 자라고 있다면 내일도 그만큼 자랄 수 있도록 지원하고 응원하는 것이 리더가 해줄 수 있는 일일 것이다.

공간의 변화는 소통의 시작이다

제임스

      회의 공간을 보면 그 조직의 회의 문화를 엿볼 수 있다. 모든 회의 공간은 그 조직의 회의 방식과 문화를 기반으로 만들어지기 때문이다. 그리고 그 공간은 다시 그 안에서 진행되는 회의에 영향을 준다. 사람은 공간을 만들고, 공간은 다시 사람을 만든다는 영국의 윈스턴 처칠 총리의 말은 회의 공간과 회의 문화의 관계를 잘 표현한 말이다.

우리 기업의 회의 공간을 한번 떠올려 보자. 누구는 여기 앉고, 누구는 저기 앉고, 리더는 어디 앉겠다고 하는 생각이 든다. 이렇게 우리의 회의장에는 공간 그 자체에서부터 상석이 이미 정해져 있다. 물컵이 유리컵인지 종이컵인지만 보아도 이미 상하가 구분된 듯하다. 그리고 공간의 차별에 익숙해진 회의 참여자들 또한 이러한 수직적 조직문화를 당연시하게 된다. 회의에서 '내 자리'의 모습은 마치 조직에서 자신의 위치를 보여주는 척도와 같이 비친다. '내 자리'가 다른 사람과의 자리와 다를 때 자신이 낮은 존재라고 직관적으로 느낄 수 있다. 이러한 심리적 상태에서는 성과를 창출하는 소통이 이루어질 수 없다. 따라서 우리는 공간의 격식과 권위를 내려 놓아야 한다. 그래야 회의 분위기가 자유로워질 수 있다. 공간의 변화는 소통의 변화를 일으킨다. 결국 회의 공간이 변해야 소통의 질이 높아질 수 있다.

그러나 공간의 권위를 내려 놓는 형식의 파괴는 오랜 시간이 걸린다. 특히 어른에 대한 존경을 강조하는 우리의 정신적 유산은 기업에서도 여전히 관료적이고 상명하복의 문화를 은근히 조장하는 상황이다. 비록 현재 많은 조직이 수평적 회의 문화를 주장하고 있지만, 문화의 변화는 가야 할 길이 아직 멀다. 예컨대 국내 선진기업들이 회의 공간의 창의성 추구를 위해 다양한 시도를 하고 있지만 대부분 격식을 차리지 않는 공간만을 표방하거나, 보이는 것의 화려함에만 치중하는 경향이 있다. 공간의 팬시화·다양화에 그쳐서는 안 된다. 회의 공간도 표면적으로는 굉장히 감각적이지만, CEO나 담당 부서의 취향이 반영된 것이지 실제 회의의 성격이나 조직원의 요구가 반영되었다고 보기는 어려운 경우도 많다. 회의 공간은 창발형 공간space of emergence이 되어야 한다. 관리와 통제의 끈을 놓고, 회의 참여자가 최대한의 자유가 보장될 수 있는 공간이 연출되어야 한다. 회의 공간의 존재 이유는 더 다양한 의견을 나누고, 협의하고 좋은 결정을 실행할 수 있도록 동기부여 하는 것이다. 이 목적에 방해될 말한 요소들은 제거하는 것이 바람직하다.

먼저 유니버설 플랜universal plan에 맞게 회의장 내에 격식을 상징하는 도구를 제거해 보자. 유니버설 플랜이란 직급에 상관 없이 모두가 같은 가구를 사용하는 형태로 사무 공간을 계획하는 걸 말한다. '보편적인 배치'라고도 말할 수 있다. 회의 공간도 이처럼 보편적인 공간으로 만들어 어떤 참여자이든 자유롭게 사용할 수 있게 만들어야 한다. 사원이 앉은 자리에 회의 주관자가 앉을 수도 있고 그 반대일 수도 있는 '보편성'을 확보해야 한다. 따라서 높은 의자나, 별도의 테이블, 각각의 직급·직위를 상징할 수 있는 명패 등을 특별한 행사가 아닌 경우는 회의장에 없는 것이 좋다.

테이블을 배치할 때는 회의 주관자와 참여자가 마주 보는 배치보다는 90도로 바라볼 수 있게 배치하는 게 좋다. 마주 보는 배치는 보고받는 사람과 보고하는 사람의 구분이 명확해져 수직적으로 다가오기 때문이다. 그리고 서로 눈을 마주칠 때 긴장감이 높아질 수 있다. 반면 90도로 바라보는 배치는 더욱 가까운 거리에서 친밀한 소통을 할 수 있다. 서로의 눈을 바라보거나 자연스럽게 시선을 피할 수도 있으므로 긴장감을 낮추고 회의에 참여할 수 있다. 이처럼 공간이 변할 때 비로소 소통은 시작될 수 있다.

매주 혹은 격주로 진행되는 업무 회의와 같은 정기회의체의 주된 목적은 '공유'이다. 정기회의체라는 것에서 알 수 있듯이 실적, 계획, 이슈 등을 모두가 모인 자리에서 주기적으로 공유한다. 정보를 공유하는 것은 회의가 아니다. 이런 회의에서 탈피해야 정말로 논의가 활발히 이루어지는 양질의 회의가 살아날 수 있다. 그 이유는 다음과 같다.

첫째, 정기회의체는 회의이기보다 관습에 가깝다.

주기적으로 무언가를 한다는 것은 관습으로 이어지기 쉽다는 것을 의미한다. 관습이 되는 순간 모이는 이유는 단순해진다. 그냥 그래왔기 때문이다. 이미 다 알고 있는 사실을 보다 더 형식적이게 보고하는 과정에 지나지 않는다. 관행적 회의는 불필요한 회의 안건을 문제로 제기해서 억지로 논의하게 만든다. 레이스 경주에서 경주차는 트러블과 점검 등 부득이한 경우에만 피트 인을 한다. 레이스에서 피트 인은 불가피한 일이며 운전자가 더 빠르게 안정된 경기를 할 수 있도록 돕는다. 회의도 마찬가지다. 필요에 의해서만 개최되며 회의 이후 참여자들은 업무의 추진력과 실행력을 얻을 수 있어야 한다.

둘째, 공유만으로는 참여자들을 만족시킬 수 없다.

2017년 대한상공회의소의 조사 결과에 의하면 직장인 48.6%는 회의가 불필요했다고 말했다. 그중 가장 큰 이유로 언급한 것이 회의가 '단순 점검, 정보 공유'이기 때문이다. 정보만을 공유하는 회의가 끝나면 참여자들은 다음과 같은 의문을 가지게 된다. '굳이 다 같이 모여서 들었어야 할까?', '다른 공유 방법이 더 효율적이지는 않았을까?' 『월스트리트저널』에 보고된 연구에 따르면 회의의 25%가 전화 혹은 이메일 등으로 대체된다고 말했다. 아무리 공유를 잘해도 회의 참여자들을 만족시키기는 힘들 것이다.

셋째, 일방적인 정보 전달보다는 의견의 교환이 중요하다.

공유형 회의에서는 돌아가면서 자료를 띄워 놓고 한쪽에서 일방적으로 정보를 전달한다. 설명하는 사람과 메모하며 적는 사람이 구분되어 있다. 이 모습이 미치는 부정적인 영향력은 상당하다. 많은 양의 정보가 한꺼번에 공유되니 집중력은 감소한다. 중요하지 않은 내용을 중요한 시간에 전달하게 될 수 있다. 사진처럼 선명하게 기억할 수 있는 게 아니라면 잘못 이해하거나 잘못 기억할 수 있다. 한쪽에서 일방적으로 무언가를 설명하는 현상은 향후 협력이 필요한 회의 분위기를 만들지 못한다. 이처럼 회의 시간을 활용해 많은 양의 정보를 폭넓게 이해하려는 유혹에서 벗어나야 한다. 정보 제공은 회의의 단편일 뿐이다. 회의에서 중요한 것은 의견의 교환이다.

넷째, 공유형 회의는 성과보다 편의를 위해 진행된다.

조직은 회의를 통해 성과를 창출하고자 하지만, 공유형 회의는 편의를 위해 진행된다. 모두가 한자리에 모여 공유하고 궁금한 것을 바로 물어보는 것이 효율적이라 생각한다. 이러한 편의적 회의는 전달하고자 하는 것을 글로 잘 표현하지 못하기 때문에 발생한다. 공유형 회의는 잘 정리된 메모 이상의 가치를 갖는 경우가 별로 없다. 명확한 텍스트 중심의 커뮤니케이션 역량을 키워야 하는 이유이다.

다섯 번째, 리더의 불안을 해소하기 위한 회의가 구성원의 몰입을 방해한다.

정기회의체가 사라지지 못하는 이유는 리더의 불안에 있다. 리더는 자신의 불안을 해소하기 위해 불필요한 회의를 개최한다. 스트레스 받을 때 먹는 달콤한 디저트와 같다. 반면 구성원은 아무리 공유를 통해 작은 도움을 얻는다 해도, 업무 방해 때문에 입는 손해와 비교하면 미미할 수 있다. 불필요한 정기회의체가 구성원의 업무 몰입과 흐름을 방해할 수 있다는 점을 고려해야 한다.

정기회의체와 같은 정보 공유를 위한 회의는 최소화하는 것이 좋다. 주간회의를 진행한다면 격주로 진행해 보기를 바란다. 주기에 변화를 두고 이슈가 발생하는지 지켜보자. 대신 서면 공유를 정교화해야 한다. 글만으로 이해될 수 있는 수준으로 자료를 작성해서 공유하고 다음과 같은 메시지와 함께 보내자.

"만약 내가 보낸 자료를 읽는다면, 나는 정보 공유를 위한 회의를 기꺼이 취소하겠습니다."

틀림과 다름은 엄격히 다르다. 습관적으로 나와 다른 것을 상대가 틀렸다고 표현하는 경우가 상당히 많다. 조직에서는 반드시 각자의 다름을 존중하고, 각 팀이 하는 일에 대한 노력과 수고를 헤아려 볼 줄 알아야 하며, 타인의 의견을 수용하고, 개인과 조직이 저마다 차별화를 만들어야 한다. 어쩌면 그 치열함 속에 일하기 위해서는 내가 일하는 이유는 물론 내가 속한 조직과 업의 정의가 명확해야 한다. 사람은 먹기 위해 살지 않는다. 또 숨쉬기 위해 살지 않는다. 사람은 무한 잠재력으로 가치 있는 일을 할 때 비로소 큰 보람을 느낀다.

매일 매일 우리가 숨쉬는 산소, 우리가 섭취하는 음식이 삶에 엄청난 가치가 있다. 이것이 사라진다면 고통과 불행이 있지 않겠는가. 이러한 감사함은 조직에서도 흔히 찾아 볼 수 있다.

조직마다 관점의 차이는 있겠지만, 그들에게 매출과 이익은 중요하다. 하지만 근무 환경, 사무실 분위기, 사명감, 세상에 주는 가치, 다양한 복지시설 등 매출과 이익보다 넓은 가치는 분명히 존재한다. 그래서 기업은 존재의 이유가 명확해야 한다. 그런 철학이 무너진다면 훌륭한 인재는 찾아 보기 힘들고, 불신과 패배주의의 구성원으로 가득 찰 것이며, 서로 총질하는 후퇴의 저급한 조직 문화가 형성될 것이다. 당연히 그런 조직은 결과도 참담하다.

얼마 전 필자는 면도기를 교체했다. 면도기 시장은 글로벌 회사가 주름잡고 있다. 민감한 피부에 직접적인 영향을 주는 칼날과 위생, 교체 주기, 자동 결제 등 파격적인 가격으로 제공하는 회사의 제품이었다. 언뜻 봐도 스타트업의 경영자 색깔이 물씬 풍기는 세련된 포장과 박스로 구성되었다. 시장에 대한 엄청난 도전이라고 보여진다. 하지만 회사를 창업하고, 조직이 커지고, 회사가 합쳐지고, 분할되는 과정에서 철학과 원칙이 변질되거나 창업자의 이념이 사라지는 경우가 있다. 이러한 것들이 보이지 않는 곳에서 빛을 바라기도, 역사 속으로 사라지기도 하는 이유이다.

피터 드러커는 '전략은 조직 문화의 아침 식사거리밖에 안 된다'라고 했다. 아무리 좋은 전략과 훌륭한 계획도 조직 문화가 리더에 의해 수시로 바뀌고, 변질되는 조직은 좋은 결과가 나올 수 없다. 그만큼 조직 문화가 그 어떤 요소보다도 훨씬 중요하다는 방증이다. 내가 이 조직에 필요한 사람으로 존중받고, 또 그것을 감당하기 위해 마땅히 대가를 치러야 한다. 간단히 말해 각자의 책임과 역할을 다하고 본분을 지키는 것이다. 게다가 생각이 다름을 인정하고, 관점이 다름을 존중해 줄 때 다른 시야에서 새로운 것을 발견해 낼 수 있다. 모 글로벌 기업에서 임원과 함께 회의할 때 이런 질문이 나왔다. "저, 강아지와 함께 출근해도 되겠습니까?" 이 질문을 하자 아주 좋은 질문이라며 박수갈채가 나왔다고 한다.

과연 우리의 조직은 임원들과 벽 없이 허물없는 대화를 나누고, 머릿속에 있는 생각을 눈치보지 않고 말을 꺼낼 문화가 조성되어 있는가? 스스로 체크해 봐야 한다. 필자가 속한 기업의 리더는 '용기를 내지 않아도 말할 문화가 되어야 한다'라고 언제 어디서나 강조한다. 이것은 정제하지 않고 말해도 된다는 뜻이며, 생각나는 대로 말하는 분위기가 된 것이다. 생각은 다름과 틀림의 경계선이 없다. 그냥 생각을 얘기하다 보면 좋은 아이디어도, 훌륭한 프로젝트의 시작도 가능하다. 이 가운데 경청을 중요하게 생각하지 않을 수 없다. 하지만 입을 떼게 만들지 못한다면 생각을 읽을 수 없게 된다. 생각을 꺼내 놓지 못한다면 그 또한 기록이 될 수 없고, 기록이 남지 않는다면 의견을 나누기가 불가능하다. 모두 리더의 몫이다. 한 사람이 옳다고 시작된 이념과 철학이 문화로 자리매김하기까지 수많은 노력과 시간과 투자가 필요하다. 그것이 함께 일하는 동료와 직원의 마음을 움직여 어려운 난관을 스스로 헤쳐나가고자 하는 원동력이 될 것이고, 살아있는 가치관이 세대와 세대를 이어가는 강하고 지속 가능한 천년기업으로 우뚝 설 것이다. 이것이 가치관이 주는 힘이다.

재택근무로 사회생활을 시작한 지 어느덧 한 달이 넘었다. 집 밖으로 나갈 준비를 하는 대신 집 안에서 노트북 전원을 켜고 출근하는 게 더 익숙해졌다. 사무실 대신 잔디와 카카오톡에서 주로 업무와 관련된 대화를 주고받고, 회의실 대신 화상회의 프로그램에 접속하여 미팅을 진행한다. 업무에 필요한 서류나 검토가 필요한 원고도 종이로 인쇄하기보다는 문서 파일로 확인하고 수정하는 경우가 대부분이다. 과거에 막연히 상상했던 '직장인', 혹은 '출판사 직원'의 모습과 매우 다른 일상을 살아가고 있다.

그러나 입사할 때만 해도 내 머릿속은 재택근무의 효과성에 대한 의구심으로 가득 차 있었다. 작년 한 해 동안 비대면으로 대학 강의를 수강하면서 교수님 및 다른 학생들과의 소통과 학습 관계 형성에 어려움을 겪었던 기억이 선명하게 남아 있었기 때문이다. 더욱이 뉴스 기사와 인터넷 커뮤니티에서도 업무와 일상생활이 분리되지 못해서 생기는 피로감, 업무 관계 형성 및 소통의 어려움 등 재택근무에 대한 부정적인 의견이 반복적으로 등장했다. 이러한 상황에서 처음 경험하는 업무를 어떻게 습득할 것인지, 업무 관계를 통해서 만나는 사람들과 원활하게 소통할 수 있을지 걱정이 되었다.

하지만 그런 걱정이 무색하게도 재택근무는 생각보다 나에게 잘 맞았다. 오히려 그런 걱정을 만회할 만한 확실한 이점이 존재했다. 우선, 효율적으로 쓸 수 있는 시간이 많아졌다. 출퇴근 시간이 절약되는 것은 물론이고, 입고 나갈 옷을 고르거나 화장하는 소위 '겉치장'에도 매일 시간을 쓸 필요가 없었다. 대신 업무를 더 일찍 시작하거나 운동, 외국어 공부 등의 자기 계발 활동에 1~2시간 정도를 더 투자할 수 있었다. 나에게 더 중요하고, 더 필요한 일에 집중할 수 있는 시간이 더 생긴 것이다.

또 하나의 이점은 자율적인 업무 환경을 구축할 수 있게 되었다는 것이다. 할 일만 제때 한다면 일하는 시간, 식사 시간, 휴식 시간을 모두 내가 알아서 정할 수 있다. 자신에게 일이 가장 잘 되는 시간과 가장 잘 쉴 수 있는 시간을 이미 알고 있다면 하루 대부분의 시간을 최적화하여 사용할 수 있다. 그렇지 않았다고 해도 자신이 어떤 유형의 사람이고, 어떻게 시간을 써야 할지 알게 되는 좋은 계기가 되리라 생각한다. 나는 후자였던 사람으로서 몇 번의 시행착오를 통해 이전보다 효과적으로 나에게 맞는 일과 휴식, 자기계발 루틴을 새롭게 구성할 수 있었다. 나의 건강 상태, 목표, 기호, 신념 등이 우선순위로 자리 잡게 되면서 더욱 책임감 있게, 효과적으로 일을 수행하게 되었다.

마지막으로 업무 관계에서의 불필요한 마찰과 이로 인한 스트레스를 겪을 일이 거의 없었던 것도 큰 장점이다. 소통이 필요할 경우에는 잔디와 카카오톡, 전화, 화상회의 등을 활용했고, 나머지 시간에는 혼자서 할 일을 하면 되었다. 타인의 언행과 관계에 의한 에너지 소모가 많은 나에게는 생각보다 편하게 일할 수 있는 환경이 마련된 셈이다. 다만 같이 일하는 분들과 심리적으로 가까워지는 게 대면일 때보다 어렵다는 단점이 있었지만, 회사 측에서 온오프라인으로 네트워킹 시간을 종종 마련해 준 덕분에 심리적인 장벽을 어느 정도 허물 수 있었다.

이렇듯 재택근무에는 생각했던 것보다 많은 장점이 있었지만, 이 또한 개인에 따라, 그리고 조직문화에 따라 효과적으로 발현되는 정도가 다를 것이다. 만약 개인의 자율성과 다양성을 인정하지 않고, 조직의 규율에 그대로 따르기를 강요하는 회사였다면 똑같이 재택근무를 실시한다고 해도 지금과 같은 만족도를 경험하기 어려웠을 것이다.

현재 대부분의 조직에는 개인에 대한 인정과 신뢰가 결여되어 있다. 혹은 이를 표방한다고 해도 조직 구성원들이 실질적으로 체감하지 못한다. 높은 직급으로의 승진이나 연봉 인상 등의 물질적인 보상과 별개로 지금보다 업무 성과를 높이기 위해, 혹은 본인의 업무 환경을 개선하기 위해 조직이 자신에게 해줬으면 하는 일을 쉽게 말할 수 있는 구성원은 거의 없다.

이때 가장 중요한 것은 리더의 태도이다. 리더는 조직 전체의 성과는 리더만의 성과가 아닌, 구성원 한 명 한 명의 성장과 성과가 모여서 이루어진 결과물임을 인지해야 한다. 따라서 구성원 개인의 목표와 성과에도 관심을 갖고, 이를 달성하기 위해 무엇을 필요로 하고 있는지 질문할 수 있어야 한다. 구성원 본인의 일과 목표에 대한 판단을 신뢰함으로써 개인이 자유롭게 일하고, 그 결과를 스스로 책임질 수 있는 업무 환경을 구축해야 한다. 그리하여 구성원이 본인의 업무수행 방식과 방향을 스스로 기획하고 발전시키는 문화를 만들어야 한다. 그것이 리더의 역할이자, 재택근무를 비롯한 새로운 근무 형태가 실질적으로 조직의 혁신에 기여할 수 있는 방법이라고 생각한다.

능동적으로 본인의 성장과 발전을 도모하는 조직 구성원의 노력, 그리고 일의 본질에 집중하고, 구성원 개인의 판단을 조직의 결정만큼 중요하게 여기는 리더가 있다면 재택근무 제도 개인과 조직 모두에게 긍정적인 영향을 주는 근무 방식으로 자리 잡게 될 것이다.

팀은 왜 존재한다고 생각하는가?

개인이 혼자 일하지 않고, 여러 사람이 모여 팀으로
일하는 이유는 간단하다. 더 많은 일을 해내기 위함이다.
우리는 집단의 지성이 가진 힘을 믿는다.
팀워크는 분명 평범한 사람들도 비범한 결과를
이룰 수 있도록 만드는 에너지원이다.

PART
3

팀

개인이 성장하는 확실한 방법, 팀의 성장

제임스

과거와 달리 다양한 사람들이 함께 상호 협력하여 수행해야 하는 팀 기반 업무가 조직 내에 더 많은 비중을 차지하게 되면서 팀이 제 기능을 수행하고 성과를 창출하는 것이 어느 때보다 중요해지고 있다. 팀이 성과를 창출하기 위해서는 팀도 하나의 유기체처럼 학습하고 성장해야 한다.

개인이 홀로 학습하는 것과 팀이 함께 학습하는 것은 전혀 다른 의미를 지닌다. 팀team이란 공통의 목적을 달성하기 위해 두 명 또는 그 이상의 사람들이 역동적으로 상호 작용하는 집합이다. 개인이 학습하기 위해서는 조용한 공간이 필요하지만, 팀의 학습은 역동적인 공간이 필요하다는 것을 확인할 수 있다.

일반적인 팀 학습에서 일어나는 행동은 지식을 습득하고, 공유하고, 합치는 집단 활동을 일컫는다. 구체적으로 팀은 서로가 가진 지식을 공유하는 행동을 통해 팀 내 공유지식shared knowledge을 확장해 나간다. 그리고 팀 내 어떤 구성원이 어떤 지식과 정보를 가졌는지를 각 구성원이 모두 알아 나가는 행동을 포함한다. 또한 각자가 가진 지식에 서로가 공유한 지식이나 생각을 추가해 가면서 각 개인과 팀이 가진 지식을 다시 수정하고 재구성co-construction하는 과정을 거치게 된다. 이 과정에서 때로는 건설적인 논쟁이 일어날 수 있으며 열린 소통과 논의를 통해 합의점을 찾아 나가게 된다.

위와 같은 팀 학습 행동이 일어나기 위한 두 가지 전제조건이 바로 심리적 안전감psychological Safety과 집단의 효능감group potency 이다. 심리적 안전감이란 팀 구성원이 팀 내 대인 관계에서 안전감을 느끼는 정도를 나타낸다. 심리적 안전감이 높은 팀 구성원은 질문하거나, 피드백을 요청하거나, 실수를 보고하거나, 새로운 의견을 제시할 때 편안함을 느낀다. 즉 기본적인 신뢰 관계가 팀 내에서 형성되었다고 볼 수 있다.

또 다른 사회적 조건social condition으로 잘 알려진 집단 효능감 group potency은 우리 팀이 기대하는 성과를 창출할 수 있는 역량을 가졌는지에 대한 믿음의 정도를 나타낸다. 위 두 가지 사회적 조건 모두 팀 학습 행동과 팀 효과성에 지대한 영향을 미치는 것으로 나타났다. 팀의 발달 단계에 따라 심리적 안전감과 집단 효능감도 높아지며, 위 두 가지가 팀 내에 형성되지 않으면 팀의 발달 단계와 상관없이 팀 학습 행동은 일어나지 않는 것으로 나타났다.

구글의 경우 리더십 교육을 활용해 리더들에게 심리적 안전감의 중요성을 전달하고 심리적 안전감 형성에 대한 책임을 부여한다. 이때 심리적 안전감 형성에 필요한 리더의 행동지침을 명확하게 제시한다. 행동지침은 구성원과의 관계에 집중하고 있음을 보여주는 것, 구성원의 말을 이해하고 있음을 보여주는 것, 구성원에 대한 포용력을 기르는 것, 구성원의 의견에 대한 수용력을 기르는 것을 포함하고 있다.

팀 학습을 위해 리더십이 중요한 것은 당연하다. 하지만 리더 홀로 팀이 학습하고 성장해 나가는 것을 만들 수는 없다. 팀 학습 행동이 일어나기 위해서는 조직원의 초점이 개인의 성장에서 조직의 성장으로 변화해야 할 필요성이 있다고 보여진다. 팀원들이 개인의 성장에만 몰입하는 것이 아니라 팀 관점에서 일하고 성장해 나가는 것이 필요하다. 무엇보다 '개인의 성장'을 중요시 여기는 지금 시대의 흐름이 '팀의 성장'을 가로막는 것은 아닐까?

개인이 가장 확실히 성장할 수 있는 길은 팀의 성장을 경험하고 개인이 한 팀을 성장시킬 수 있음을 증명하는 것이다. 개인 스스로를 성장시킬 수 있는 사람은 많지만, 팀을 성장시킬 수 있는 사람은 드물다. 팀과 함께 학습하고 팀을 성장시키는 개인의 가치는 그 어떤 개인보다 '대체 불가능한 사람'이 될 수 있다.

특별한 한 해, 특별히 다 함께

제임스

2022년 한 해가 시작됐다. 지난 몇 년간의 코로나 때문일까? 이제 마스크로부터 자유로워질 수도 있다는 생각에 왠지 모르게 특별해 보이는 새해다. 올해는 어떠한 특별한 일이 우리를 기다리고 있을까?

특별한 한 해, 특별히 올해 기업들이 강조하는 키워드는 바로 '고객'이다. 매년 새해를 맞이하여 국내 주요 10대 기업들이 발표하는 올해 신년사를 살펴보면 제일 많이 나온 단어가 바로 '고객'임을 확인할 수 있다. 고객을 위한 혁신, 고객을 위한 성장을 강조하고 있다. 그렇다면 이를 위해 기업에 필요한 것은 무엇일까? 바로 '함께'의 가치를 발견하는 것이다. 1919년 독립선언과 3·1운동이 많은 사람이 '함께'했을 때 가능했던 것 같이, 2022년 고객을 위한 혁신과 성장 또한 기업 내 수많은 임직원이 '함께'할 때 비로소 가능한 것이다.

그래서 우리는 개인보다 여러 개인이 모인 팀에 집중해야 한다. 팀은 왜 존재한다고 생각하는가? 개인이 혼자 일하지 않고, 여러 사람이 모여 팀으로 일하는 이유는 간단하다. 더 많은 일을 해내기 위함이다. 우리는 집단의 지성이 가진 힘을 믿는다. 팀워크는 분명 평범한 사람들도 비범한 결과를 이룰 수 있도록 만드는 에너지원이다.

이처럼 팀워크와 협업의 중요성을 단적으로 보여주는 한 회사가 있다. 스티브 잡스는 생전에 이 회사를 "내 인생에 이렇게 똑똑한 사람들이 이토록 빼곡히 모여 있는 집단은 본 적이 없다"고 표현했다. 그만큼 훌륭한 인재가 많이 모인 회사라는 뜻이다. 혹시 어느 회사인지 짐작이 가는가? 이 회사는 바로 <토이스토리>, <니모를 찾아서>, <겨울왕국> 등 수많은 흥행작을 만든 '픽사'이다. 그러나 수많은 흥행작의 비결로 사람들은 픽사의 훌륭한 인재를 꼽기보다 픽사의 협업 프로세스를 꼽는다. 픽사는 협업을 통해 팀워크를 끌어냄으로써 훌륭한 인재들이 가진 재능 그 이상의 시너지를 발휘하고 있기 때문이다. 실제로 픽사의 구성원이 일하는 모습을 보면 그림으로 그리기 어려울 정도로 구성원들이 매우 다양하고 긴밀하게 상호 작용함을 볼 수 있다고 한다.

좋은 팀워크를 갖춘 팀은 모든 팀원이 맡은 바 역할을 충실히 수행하고, 훌륭한 성과를 창출한다. 팀의 모든 구성원이 일에 몰입하고 만족감을 얻는 팀은 효율적으로 일하고 손발이 척척 맞는다. 이처럼 팀워크는 조직이 지속적인 경쟁력을 확보하고, 고객을 위한 혁신과 성장을 달성할 수 있는 분명한 수단이다. 그런데 수많은 사람이 팀워크의 중요성을 말함에도 불구하고 우리 조직에서 팀워크가 사라진 이유는 무엇일까?

첫 번째 이유는 많은 리더가 협업에 관심이 없기 때문이다. 그 이유는 또 무엇일까? 협업은 자로 재듯 측정하거나 판단하기 어렵기 때문이다. 협업이 중요한 것은 분명하지만 너무 포괄적이기 때문에 협업 하나만 따로 떼어놓고 평가하기가 어렵다. 그래서 많은 팀장이 좀 더 쉽게 측정하고 판단할 수 있는 해결책으로 협업보다는 재정 관리, 조직 전략, 기술 개발, 마케팅 같은 것에 관심을 쏟는다.

두 번째 이유는 협업 자체가 이루어내기 아주 힘들기 때문이다. 협업은 결국 리더가 상당 시간 팀워크를 이루는 일에 매진하고 그 노력을 팀원들과 공유할 때 얻을 수 있다. 비판 없이 팀워크를 위해서는 모든 일에 항상 협업이 필요하다고 생각하는 것은 위험한 생각이다. "협업을 할수록 회사가 좋아진다"라는 무조건적인 가정을 가지게 되면 리더는 협업 자체를 늘리려고만 한다. 협업의 확대가 중요한 것이 아니다. 성과를 내는 협업을 추구하는 것이 중요하다.

결론적으로 측정하기도 성취하기도 어려운 것이 분명 팀워크와 협업이지만, 그렇다고 그 힘을 우리가 부정할 수 있는 것도 아니다. 특별한 한 해, 특별히 모든 조직이 조직에서 사라진 '함께'의 가치를 다시 되찾는 시간을 갖기를 바란다.

어느 누구도 이 시점에 이런 위기가 올 것이라고
생각하지 못했다.

이제 우리는 현명하게 위기를 대처하는 방법에 대해서
생각해야 한다. 위기 상황에서는 공유된 문제의식과
목표, 과감함, 현명함이 동시에 필요하다.

PART
4

코로나 시대의 조직

어떻게 위기경영을 할 것인가

다니엘

3월인데 올해는 봄이 조금 늦을 듯하다. 봄이 온다 하지만 경제는 더욱 겨울을 향하고 있다. 코로나19의 여파가 빠르게, 그리고 매섭게 사회·경제를 파고 들고 있다. 지금 기업들은 현명함을 유지해야 한다는 것을 알고 있지만 어떻게 해야 할지 판단하기 어렵다. 난세에 영웅이 난다고 하지만 그건 한둘의 얘기이다.

심각도가 높은 비즈니스의 경우 앞으로 2개월 동안 '0'에 가까운 숫자를 마주하게 될 것이다. '5월 이후 회복기에 들어갈 것이다', 혹은 '최악의 경우 9월 명절이 지난 이후에 회복세를 보일 것이다'라고 전망하는 사람도 있다. 혹시 지금 이 상황에서 무언가를 해 낸다면, 그건 실력이 아니라 운에 가까운 일이 아닐까 싶다. 그래서 지금 우리는 현명한 움직임이 필요하다.

기업 입장에서는 네 가지 활동을 해야 한다. 산소를 공급하는 활동, B영역에 집중하는 활동, 비용을 아끼는 활동, 팀 에너지를 유지하는 활동이다. 우선순위를 정해야 하는 것은 아니지만 필자는 산소를 공급하는 활동을 1순위, B영역에 집중하는 활동을 2순위로 보고 있다.

첫째, 산소를 공급하는 활동은 매출과 관련한 활동이다. 마스크를 살 돈이 없다면 우리는 무방비로 버텨야 한다. 우리는 숨을 쉬기 위해 살지 않지만, 산소가 없다면 살 수 없다. 그래서 우리 회사의 현재 상황에서 빠르게 산소를 공급할 수 있는 활동이 무엇이 있는지 판단하고 한 가지에서 세 가지 이내의 활동에 집중해야 한다. 다양한 시도보다는 선택과 집중이 필요하다.

둘째, B영역에 집중하는 활동이다. B영역이란 중요하지만 긴급하지 않은 일이다. 이것은 미래를 계획하고 준비하는 일이다. 즉 코로나 이후에 대한 일이다. 제대로 웅크린 팀이 코로나19 이후에 리딩 그룹이 될 것이다. 하반기가 되면 분명 수요가 늘어날 것이다. 이를 위한 준비를 철저히 하지 않는다면 또 우왕좌왕하게 될 것이다. B영역에 집중하는 활동은 개인을 기준으로 볼 때 단 하나여야 한다. 또한 어렵겠지만 이 업무는 구성원들의 삶의 목표와 조화를 이루어야 한다. 사실 그전에 B

가 무엇인지 명확하게 정의되어 있는 게 중요하다.

셋째, 비용을 아끼는 활동이다. 많은 조직들이 이 활동을 우선 순위로 보는데 필자는 우선순위는 아니라고 본다. 현재 경영의 수준은 '경고등'이다. 만약 빨간 등이 켜진다면 결단해야 한다. 산소가 '경고'에서 '고갈'로 이동하면 고통스럽지만 더더욱 결단해야 한다. 버닝 플랫폼 상황을 만들지 않기 위해 노력해야겠 지만 불타는 갑판 위에 서게 된다면 과감히 뛰어내리는 것이 필요하다. 늘 최악의 시나리오를 염두해 두고, 최악의 시나리오에 대해서는 비밀 장소에서 쏙닥쏙닥하는 것이 아니라 공개하고 함께 나눠야 한다. 그래야 동일한 위기 의식을 가지게 된다.

넷째, 팀 에너지를 유지하는 활동이다. 이 활동은 우선순위 상 마지막이기 때문에 네 번째로 적은 것이 아니다. 이 활동은 앞서 제시한 모든 활동의 근간이다. 분명히 말하지만 팀 에너지를 향상시키는 활동이 아닌 유지하는 활동이다. 지금은 팀 에너지를 강화할 수 없다. 위기 상황을 잘 돌파하고 나면 팀 에너지는 저절로 높아질 것이다. 그 전에 심리적으로 다운되지 않도록 하는 것이 중요하다. 화상이든, 온라인 텍스트이든 개별적인 관심의 시간을 추가적으로 확보해야 한다.

위기는 예측할 수 없다. 어느 누구도 이 시점에 이런 위기가 올 것이라고 생각하지 못했다. 이제 우리는 현명하게 위기를 대처하는 방법에 대해서 생각해야 한다. 위기 상황에서는 공유된 문제의식과 목표, 과감함, 현명함이 동시에 필요하다. 함께 조직의 사명을 이루겠다는 문제의식과 목표를 가져야 한다. 그렇지만 감상만으로 조직을 유지할 수 없다. 이제 조직은 각자가 가지고 있는 선의가 유지되기 위해 힘차게 페달을 밟는 활동과 6개월 후를 준비하는 활동 사이에서 균형을 맞춰야 한다.

화상회의를 위한 질문 두 가지

제임스

코로나바이러스로 재택근무가 늘어나면서, 화상회의에 대한 수요가 비약적으로 높아졌다. 단적으로 화상회의 소프트웨어를 제공하는 줌Zoom의 주가와 기업가치가 2배 이상 증가했다는 소식이 들려오기도 한다. 그렇다면, 화상회의를 잘하기 위해서는 어떻게 해야 할까? 화상회의를 잘하기 위해 던져야 할 두 가지 질문에 대해 생각해 보고자 한다.

첫째, 시스템보다 회의의 본질에 집중하고 있는가?.

화상회의에 대한 관심이 뜨거워지면서, 많은 사람들이 화상회의를 지원하는 소프트웨어나 시스템에 집중한다. 클라우드 기반의 화상회의 솔루션을 제공하는 곳은 다양하다. 그리고 이러한 서비스를 활용하는 방법에 사람들은 관심이 많다. 어떻게 화상회의를 개최하는지부터, 음성 세팅 및 화면 공유 방법 등 그 기능에 관심을 가진다. 안 쓰던 것을 쓰는 것이니 그 서비스

자체가 관심을 받는 것은 당연하다. 그리고 대부분 회의를 주관하는 리더의 입장에서는 덜 익숙한 서비스이다 보니 이런저런 애로사항들이 발생한다.

하지만 화상회의를 할 때 문제를 겪는 팀이 있다면 과연 그것이 시스템과 기능만의 문제일까? 사람들은 화상회의가 힘든 이유를 비대면으로 진행되는 덜 익숙한 시스템 탓이라고 말한다. 그러나, 어느 누구도 아이폰을 사용하기 때문에, 혹은 갤럭시나 LG폰을 사용하기 때문에 더 전화 커뮤니케이션을 잘한다고 말하지 않는다. 만약 화상회의에 문제가 있다면 그건 시스템의 문제도, 기능의 문제도 아닐 수 있다. 화상회의의 질을 높이기 위해서는 시스템, 기능 탓에서 벗어나 본질적인 우리 회의의 문제를 고민해야 한다.

집중도를 유지하는 것, 반응을 살피는 것, 의견을 자유롭게 나누는 것 등 화상회의를 진행하는 것이 더 까다롭기는 하다. 하지만 화상회의에서 겪는 많은 문제점은 기존 회의에서도 이미 존재했던 문제일 가능성이 크다. 오히려, 화상회의이기 때문에 기존의 문제들이 더 잘 수면 위로 드러나는 것이다. 기존에 면대면 회의를 효율적으로 진행해 왔던 팀은 화상회의로 바뀌었다고 해서 특별한 어려움을 느끼지 못할 가능성이 크다. 물론 조금의 불편함은 있을 수 있다. 하지만, 그 불편함이 회의를 비효율적으로 만들 정도는 아니라는 것이다. 따라서 코로나 상황으로 인해 진행되는 화상회의를 회의문화 자체를 개선할 수 있는 기회로 바라보는 노력이 우리에게는 필요하다.

두 번째, 무조건 화상회의가 정답인가?

화상회의의 빈도가 증가한 배경에는 코로나로 인한 재택근무 증가가 있다. 따라서, 화상회의를 잘하기 위해서는먼저 어떻게 하면 재택근무를 잘 할 수 있을까 고민해 보아야 한다. 재택근무 비율이 높은 해외의 기업들을 살펴보면 알 수 있는 한 가지 사실이 있다. 논의가 필요하다고 무분별하게 무조건 화상회의를 열지 않는다는 것이다. 화상회의가 필요한 때와 불필요한 때를 구분한다. 재택근무를 잘하는 회사들은 기본적으로 텍스트 커뮤니케이션에 강하다. 오해 없이, 간단명료하게, 논리적으로 텍스트를 사용해서 커뮤니케이션하는 방법을 안다. 그리고, 채용 단계에서 텍스트 커뮤니케이션 역량을 확인한다.

물론 텍스트가 모든 것의 해결책은 아니다. 그래서, 텍스트 기반의 커뮤니케이션으로 해결할 수 없는 문제, 혹은 오해가 발생하는 상황에서는 전화, 1:1 미팅 등을 활용하고 마지막 수단으로 전체 화상회의를 진행한다. 많은 사람들이 화상회의의 문제점으로 참석자의 집중도를 언급한다. 그런데 이것은 화상회의의 문제가 아니다. 애초에 그 참석자는 참석할 필요가 없었던 사람이었기 때문에 발생한 문제이다. 그 사람에게 필요했던 것은 텍스트, 전화, 1:1, 혹은 다른 소그룹과의 커뮤니케이션이었다. 그래서 만약 화상회의가 계속 불만족스럽다면 다시 질문해 보자. 지금의 회의가 과연 전체 화상회의가 필요했던 사항인가? 텍스트, 전화, 1:1 미팅 등 더 나은 대안은 없었던 것일까?

화상회의를 회의문화 자체의 문제로 바라보고 텍스트 기반의 커뮤니케이션을 강화하는 노력을 함께 병행해 보길 바란다.

포스트 코로나 시대의 기업 교육

제임스

기업의 인적자원개발^{HRD}이 기업의 경영 성과에 얼마나 공헌하고 있는지를 평가하는 것은 해당 교육부서의 존폐를 결정짓는 중대한 사항이다. 따라서 HRD의 평가는 1950년대 훈련에 대한 요구가 증가하는 시점부터 지난 70여년간 HRD의 역사와 함께 주요하게 논의됐다. 하지만 HRD의 성과를 증명하기 위한 다양한 노력에도 불구하고, HRD 평가영역은 다른 영역에 비해 상대적으로 성과가 미흡한 것이 현실이며 교착상태를 벗어나지 못하고 있다는 지적을 받고 있다. 또한, 교육한 스킬과 지식이 학습 전이를 통해 현업에 기여하는 정도 또한 만족스럽지 못한 것이 사실이다.

이는 곧 코로나19로 불거진 세계적인 경제 침체와 그에 따른 기업의 위기 경영체제 돌입과 같은 상황에서, 비용 절감을 목적으로 교육 부서가 축소 운영되는 데 빌미를 제공한다. 변동성^{volatility}, 불확실성^{uncertainty}, 복잡성^{complexity}, 모호성^{Ambiguity}이

가득한 VUCA 시대에 대응하기 위해서는 인적자원 개발이 중요함을 많은 기업이 주장하지만, 역설적이게도 HRD는 중요하지만 시급하지는 않은 과업으로 우선순위에서 밀려나고 있다. 수많은 HRD 담당자가 전략적 인적자원개발을 강조하지만, 과연 경영층의 전략을 논하는 자리에 HRD 부서가 얼마나 자주 초대받는지, HRD 부서의 목소리가 얼마나 중요하게 반영되는지는 의문이다.

결국 HRD 부서가 과거부터 현재까지 얼마나 경영의 성과에 기여해 왔는지를 우리는 다시 한번 되물어야 한다. 경영자의 관점에서 HRD를 바라보고, 현 교육체계가 얼마나 기업의 경영 성과에 기여하는 구조인지에 대한 더 깊은 논의가 필요한 시점이다.

또한 마이크로 러닝micro learning, 적응형 학습adaptive learning, 학습 경험work experience, 일터 내 학습learning in the workflow, 가상 교실virtual classroom 등 현업에서의 HRD 트렌드를 살펴보면 '개인화된 학습, 학습의 현장화, 학습 콘텐츠 제공 방식의 다양화, 학습에서 학습 경험으로의 변화'가 있다.

그러나 아직 많은 기업의 교육 체계는 집합교육 및 필수 교육 중심으로 직급에 나눠서 교육 과정을 체계적으로 구조화하는 경향을 보여주고 있다. 또한, 많은 기업의 교육 체계도는 역량 기반 교육과정CBC: Competency-Based Curriculum의 방식을 채택하고 있으며, 역량모델링을 통한 교육 체계 재수립은 현재까지 많은 기업이 활용한 방법이다.

하지만 빠르게 변화하는 환경에 따라 필요 역량 또한 지속해서 변화하고 있다. 또한, 점점 역량의 전문화와 개인화가 이루어지면서 특정 역량을 중심으로 기업 전체의 교육과정을 HRD 부서가 기획하고 제공하는 것이 효과적인지에 대한 의문이 제기된다. 즉, 현재 많은 기업이 채택하고 있는 교육 체계가 과연 현재의 교수 방식의 변화와 학습을 바라보는 관점의 변화를 잘 담고 있는지, 혹은 빠르게 변화하는 경영 환경에 잘 대응할 수 있는 교육 체계인지에 대한 깊은 고민이 필요하다. 무엇보다 밀레니얼이 점차 조직 구성원의 대부분을 차지하고 있는 시대에서 그들의 특성과 요구를 잘 반영한 교육 체계인지에 대한 논의가 함께 동반되어야 한다.

뜻하지 않은 코로나바이러스로 인해 대부분 조직은 교육을 몇 개월간 중지해 왔다. 지금까지 무의식적으로 매번 걷던 길을 반복해서 걸었다면, 잠시 멈추었다 다시 걷는 첫걸음은 이전과는 달라야 할 것이다. 잠시 쉬었다 걷는 만큼 더 의미 있는 앞으로의 전진이 되어야 한다. 과연 우리 조직의 HRD는 경영의 숫자를 바꾸는 데 기여하고 있는가? 혹은 학습 방법과 학습 주체의 변화에 잘 대응하는 시대에 맞는 교육인가? 다시 한번 질문할 때이다.

코로나가 떨어뜨린 공

제임스

       흔히 사람들은 위기는 위험과 기회의 합성어라고 말한다. 위기는 위험하지만 항상 기회가 뒤따름을 강조한다. 낙관주의자는 위기 속에서 기회를 보고, 비관주의자는 기회 속에서 위기를 본다는 윈스턴 처칠의 말처럼, 위기가 다가오면 위험을 느끼기보다 기회를 포착하는 사람들이 있다. 의도적으로 기회를 포착하지 않더라도 위기 자체가 누군가에게는 위험을, 누군가에게는 기회를 선사하기도 한다.

끊이지 않는 코로나 팬데믹 상황을 생각해 보자. 코로나라는 위기 때문에 위험에 빠진 곳이 있다. 식당 등과 같은 외식업이나 학원 등과 같은 교육업이 대표적이다. 반면, 식품 업계나 바이오 업계는 의도치 않은 기회를 맞고 매출이 오르거나 주가가 상승하는 등 상반된 모습을 보인다. 갑자기 쏟아지는 소나기에 웃고 있는 우산 장수의 모습과 비를 맞으며 뛰어가는 당혹해하는 행인의 모습이 떠오른다. 변덕 심한 날씨를 기상청이 예측하기 힘든 것 같이, 변덕 심한 위험이 각 조직에 위험과 기회라는 동전의 양면 중 어떤 면을 보여줄지 예측하는 것은 힘들다. 그래도 할 수 있는 것이 있다면 준비하는 것이다. 준비된 조직은 위험이라는 동전을 뒤집어 기회로 바꿀 수 있다. 의도치 않게 주어진 기회라는 동전이라도 불확실성이 가득한 도박장에서 멋진 배팅을 걸어볼 수 있다.

준비된 조직의 모습은 과연 어떠할까? 첫째, 탄력성을 가지고 있다. 공이 떨어져도 다시 반등할 수 있는 이유는 탄력성 때문이다. 탄력성은 외관으로만 판단할 수 없다. 처음 본 비슷한 크기의 농구공과 축구공 중 어느 것의 탄력성이 더 크다고 말할 수 있을까? 크기는 작지만 놀랄 만큼 잘 튀어 오르는 '탱탱볼'도 존재한다. 공이 떨어져도 반등하기 위해 필요한 것이 탄력성이라면, 조직에 필요한 것은 회복탄력성^{resilience}이다.

회복탄력성은 위험과 실패를 도약의 발판으로 삼아 더 높이 뛰어오르는 마음의 근력으로 정의된다. 공의 탄력성이 그러하듯이, 조직의 규모가 크다고 회복탄력성을 가지고 있는 것은 아니다. 다시 반등하기 위해서는 위험을 마주하고 있는 각 구성원의 마음의 근력을 키워야 한다.

둘째, 견고한 토대를 가지고 있다. 탄력성이 강한 공은 강하게 내려치면 칠수록 더 높이 떠오른다. 단, 전제조건이 필요하다. 견고하고 단단한 바닥에 부딪혀야 한다. 물 위에 내리쳐진 공은 떠오르지 못하고 더 깊은 물 속으로 빠져버린다. 마찬가지로 위험에 내리쳐진 조직은 가장 최악의 상황이라고 가정했던 바닥보다 더 깊은 해수면 아래로 침몰할 수 있다. 견고한 토대가 없기 때문이다.

조직에 있어 견고한 토대는 리더이다. 위험을 헤쳐 나가기 위해 노력하는 구성원들의 행동 결과에 책임을 져줄 수 있는 리더가 필요하다. 자신이 보호받을 수 있는 안전지대가 없다면, 어떤 구성원도 섣불리 행동하지 못할 것이다. 다이슨이 혁신적인 청소기를 발명할 수 있었던 이유는 12년간 5,126개의 프로토 타입을 만들며 실패했기 때문이다. 실패에도 불구하고 구성원들이 계속 도전할 수 있었던 것은 창업자인 '제임스 다이슨'의 철학이 뒷받침되었기 때문이다.

셋째, 말보다 행동으로 보여준다. 위험을 계기로 더 높이 반등하는 기회를 사로잡으려면 결국 더 많은 에너지가 필요하다. 좋은 의미로는 구성원들의 열정과 노력이, 나쁘게 보면 구성원들의 헌신과 희생이 필요하다. 떨어지는 시간이 길수록 떨어지는 속도는 가속도를 받아 더 빨라지고, 언제 바닥에 부딪힐까 두렵게 된다. 이때 두 가지 유형의 구성원이 있다. 말만 하는 사람과 행동하는 사람이다. 말만 하는 사람은 마치 고객센터를 찾아온 고객과 같다. 무엇이 문제이고, 어떻게 행동해야 한다는 말은 많이 하지만 본인에게 해결에 대한 책임이 없고 직접 행동하지도 않는다. 결국, 조직에 더 많이 필요한 사람은 내부 고객보다 내부 직원이다.

코로나가 떨어뜨린 공, 탄력성과 견고한 토대와 내부 직원을 가지고 더 높이 반등하는 조직이 많아지기를 바란다. 그 공이 아무리 작은 공이라도 말이다.

회의를 위한 소확행

제임스

      코로나 상황으로 비대면 화상회의가 많아지면서 기존의 회의문화를 다시 한번 돌아볼 필요성이 생기기 시작했다. 대면 회의에서는 잘 드러나지 않았던 회의에 대한 문제가 비대면 화상회의를 통해 더 잘 드러나고 있기 때문이다. 한 개인의 평생 전체 노동 시간을 평균 7만 5000시간이라고 가정했을 때, 평균적으로 회의에 참석하는 시간은 1만 5000시간이다. 이는 전체 노동 시간의 20%에 해당한다. 20%라는 수치는 사람의 평균 수명에서 수면 시간이 차지하는 비율과 동일하다. 만약 매일 진행되는 회의 때문에 스트레스를 받는다면, 마치 매일 악몽을 꾸는 것과 같은 경험을 하고 있는 것이다. 매일같이 악몽에 시달리지 않으려면 회의를 효율적으로 진행하는 역량이 필요하다. 어떤 비즈니스에서 어떤 일을 하든, 회의는 어떻게 사용하느냐에 따라 한 개인의 성장과 성취에 도움을 주는 하나의 훌륭한 수단이 될 수 있다.

회의를 변화시키기 위해서는 대단하고 큰 행동의 변화가 필요한 것이 아니다. 매일같이 진행되는 회의에서 실천할 수 있는 작은 행동이 더 효과적이다. 회의를 바꾸는 소확행이 필요한 시점이다.

첫째, '회의결행'을 기억해야 한다. 올바르게 진행되는 회의란 무엇인지에 대한 명확한 이미지를 가지고 있어야 한다. 진짜 회의란 회의결행이 있는 회의이다. 혼자 하지 않고 올바르게 모이는 회, 모이지만 않고 의견을 나누는 의, 의견만 나누지 않고 결론을 내리는 결, 결론만 내지 않고 실행으로 옮기는 행이 있어야 한다. 회의결행의 관점에서 내가 일하는 조직의 회의를 다시 한번 점검하고 이 관점에서 우리 조직의 회의가 잘 진행되려면 무엇이 필요한지 고민해야 한다. 여러 다른 기업의 회의 사례를 살펴보는 것이 도움이 될 수도 있지만, 중요한 것은 존재하는 다양한 회의 진행 방식 중에서 우리 조직에 맞는 방식은 무엇인지 찾아 나가는 것이다.

두 번째, 회의를 놓고 다른 구성원들과 대화해야 한다. 회의 전문가들은 동일하게 회의를 평가하는 것이 효과적인 회의를 만들기 위한 핵심이라고 말하고 있다. 매번 회의가 끝날 때마다 혹은 특정 시기마다 회의를 평가하는 방법이 있다. 매 회의가 끝날 때마다 이번 회의의 목적을 얼마나 달성했는지, 회의를 통해 개인의 목적이 얼마나 만족되었는지 평가해 보자. 그리고, 더 나은 회의 진행을 위한 대화를 짧게 하면서 회의를 마무리하는 것이 좋다. 혹은 워크숍을 통해 진짜회의란 무엇이라 생각하는지, 진짜회의가 중요한 이유는 무엇인지, 진짜회의를 만드는 것이 어려운 이유는 무엇인지, 어떻게 해야 진짜회의를 만들 수 있는지를 놓고 대화해야 한다. 대화를 통해 회의에 대한 문제를 수면 위로 올리고 외면하기보다 직면하는 것이 필요하다.

세 번째, 용기를 내지 않아도 말할 수 있는 문화를 만들어야 한다. 대부분 우리는 회의에서 발언하기 위해 용기를 내야 한다. 용기를 내지 않고도 자유롭게 의견을 낼 수 있는 문화가 자리 잡아야 한다. 회의 참석자들이 심리적 안전감을 느낄 수 있어야 한다. 이를 위해서는 분위기 형성을 위한 체크인 대화로 회의를 시작해 보자. 페이스북, 3M과 같은 글로벌 기업에서도 진행하는 체크인 대화는 회의를 시작할 때 일상적인 대화를 짧게 나누거나 회의 시작 전 참여자들의 안부 또는 근황에 대해 먼저 이야기를 나누는 것을 의미한다. 체크인 대화는 너무 길게 하지 않는 것이 중요하다. 너무 길면 이 또한 시간 낭비라고 참석자가 느끼기 때문이다. 그렇지만 무거운 안건을 다루는 회의일수록 꼭 진행하는 것이 발언을 위한 분위기 조성에 도움을 줄 수 있다. 또한, 회의를 진행하는 리더가 마지막에 말하는 사람이 되어야 한다. 리더가 먼저 의견을 제기하면 나머지 참석자들은 다른 의견을 제시하는 데 너무나 큰 용기가 필요해져 버린다.

이번 베이징 올림픽에서
한국에 첫 메달을 안긴 김민석 선수가
경기가 끝난 뒤 경기장에서 울고 있는 중국 선수를
위로했던 장면과 경기장을 떠나면서 쓰레기를 정리하는
모습은 많은 사람에게 감동을 주었다.

삶에 정성을 더한다는 것은 이런 것이다.
눈앞의 일들을 외면하지 않는 것.

PART
5

자
기
계
발

플랜비를 위한 시작

다니엘

     인생에서 잭팟이 터지거나 로또에 당첨될 확률은 얼마나 될까? 적어도 카지노에 가보지 않았거나 복권을 구입한 적이 없다면 거의 0%라고 할 수 있다_{복권은 선물로 받을 수도 있으니까}. 플랜비를 준비하면서 대박날 수 있는 확률은 얼마나 될까? 모르긴 해도 우선 준비하고 시작하는 플랜비어는 0%는 아니라고 말하고 싶다.

자신의 아이디어를 상품화하건, 스스로 자신을 상품화하건 간에 초기 투자 없이 플랜비를 성공의 길로 이끌게 되는 경우를 본 적이 없다. 초기 투자 비용, 초기 투자 시간, 초기 투자 고민, 초기 투자 불안, 초기 투자 발품, 초기 투자 멘붕….

우리가 직장에서 일할 때를 생각해 보자. 업무 역량이 투자되는 시간이나 비용으로 어떤 형태의 그래프를 그렸는가? 직장인으로 근무하면서 만난 두 명이 있다. 두 사람은 모두 일에 대한 욕심과 열정이 있었다. 하지만 똑같은 업무 지시를 받아도 A는 빠르게 대답하고, 빠른 업무 처리를 하면서 싹싹하고 일 잘한다는 칭찬을 많이 받았다. 그러나 B는 느리게 대답하고, 업무 처리를 위한 시작 시간도 오래 걸렸다. A와 B는 너무 다른 업무 처리로 비교당하는 상황도 일어났지만 각자의 자리에서 최선을 다했다. 그렇게 1년이 지난 뒤 A와 B는 다른 길을 걷게 되었다. A는 시키는 일을 빠르게 업무를 처리하는 것은 잘했으나, 그 일을 왜 하는지, 다른 방법은 없는지를 생각하는 데에는 한계가 있다는 피드백을 받기 시작했다. B는 일을 해야 하는 이유를 고민하면서 처음보다는 속도가 빨라졌으며, 효율적으로 일하기 위한 다양한 방법을 찾아 아이디어를 내기 시작한 것이다.

조직에서는 누구의 업무 역량이 더 높아졌다고 판단할까? 4년이 지나 B는 기획부서에서 자신의 생각을 담아 조직을 움직이는 데 직접적인 기여를 하기 시작했다. A는 시작할 때의 긍정적 피드백이 점점 사라짐을 느끼며 슬럼프에 빠졌다가 회복하지 못하고 결국 조직을 떠나게 되었다. 시간과 노력이 투자되는 만큼 업무 역량이 정비례로 상승했다면 A와 B는 동일한 역량을 발휘하며 똑같이 성장했을 것이다 개인별 업무 시간에 따라 차이는 있겠지만. 그러나 현실은 무조건 열심히 한다고 업무 역량이 향상되지는 않는다. 오히려 일정 기간의 시간과 노력, 고민이 있으면 초반에는 정지한 듯 지지부진해 보이지만, 어느 단계를 지나면 빠르게 급성장하는 그래프를 만날 수 있게 되는 것이다.

비행기는 이륙 직전에 가장 많은 에너지가 필요하지만, 일단 이륙에 성공한 뒤에는 그렇게 많은 연료가 필요하지 않다고 한다. 이렇게 시작할 때 많은 에너지가 소모되는 것이 비행기 이륙뿐일까? 인간이 태어나기 위해 엄마 뱃속에서 몸을 만들고, 태어나서도 걷기 위해 2천 번 이상을 넘어지고, 삶을 스스로 살아가기 위해서 거의 20년을 키워진다. 요즘 시대는 키워지는 시간이 30년이 넘게 걸리기도 한다. 시작은 그만큼 어려운 것이며, 그 시작을 유지하고 성장시키는 것에는 끊임없는 공수가 들어간다.

인생의 플랜비는 어떠할까? 하나하나 알려줄 사수도 없고, 프로세스도 상황에 따라 다르다. 무엇을 어떻게 해야 하는지 정답이 존재하지도 않으며, 지도해 줄 사람이 없는 것이다. 머릿속에 있는 생각을 입으로 꺼내야 하며, 몸으로 움직여야 한다. 필요하면 비슷한 분야의 다양한 사람을 만나서 아이디어를 얻고, 맞는지에 대한 고민과 불안을 끊임없이 거듭하며, 실수와 실패를 통해 생각하지 못한 비용을 지출하는 경우도 발생하게 되는 것이다. 그리고 초기에 투입되는 이 모든 것에 대한 책임은 스스로가 이겨내야 하는 것이 된다. 제일 먼저 해야 하는 것은 생각만으로 멈추지 말고 움직이는 것이다. 움직이다 보면, 잘하고 있는 것과 잘못되는 것을 발견하게 된다. 너무나도 다행인 것은 자신의 생각이 정리가 된다면 필요한 것은 인터넷을 통해서 인맥을 통해서 찾을 수 있는 세상이다. 준비하다가 잘하고 있는 것을 발견하게 되면 추진력을 달면 된다. 우리가 생각해야 하는 것 중에서 한 가지가 더 있다면, 열심히 준비하면서 진행되는 과정이 매끄럽고, 눈에 보이는 성과도 단시간에 이루어졌으면 좋겠지만 그렇지 않을 가능성이 더 크다는 것이다.

에디슨이 백열등의 필라멘트를 발명할 때 계속된 실패에 지친 그의 조수가 이렇게 말을 했다고 한다.

"선생님, 벌써 90가지 재료로 실험을 해 보았지만 모두 실패했습니다. 필라멘트를 발명한다는 것은 불가능한 것 같으니 그만하면 어떻겠습니까?"

그러자 에디슨은 다음과 같이 답했다고 한다.

"무슨 소리인가, 자네는 그것을 왜 실패라고 생각하는가? 그것은 실패가 아니라네, 안 되는 재료 90가지가 무엇인지를 알아낸 아주 중요한 실험이라네."

혹여라도 잘못되고 있는 것을 발견한다면 반가운 마음으로 수업료를 냈다고 생각하자. 물론, 그 수업료는 꼼꼼하게 챙기고 준비하면 적어질 수 있다. 준비 과정에서 놓치거나 소홀하게 준비하면서 비싼 수업료는 내지 않도록 점검할 필요는 있다.

복권을 사야 당첨이 될 수 있고, 카지노에 가야 잭팟을 터트릴 수 있는 기회가 주어진다. 하지만 인생역전이나 대박을 꿈꾸는 것이 플랜비는 아니라고 말하고 싶다. 자신이 만들고 싶은 삶의 모습을 위해 시간과 비용, 고민에 대한 투자를 '하기'에 집중하자.

복을 위해 심플 라이프, 머니멀 라이프의 삶의 방식을 추천하는 책이 있다. 여기에서는 소유하고 있는 물건을 최소한으로 줄여서 삶의 환경을 쾌적하게 만들고 행복을 추구하자고 말한다. 미니멀 라이프가 정답이 아닐 수도 있겠지만, 많은 사람들은 자신이 원하고, 필요하다고 생각하는 물건을 사기 위해 많이 바빠진 것은 사실이다. 물건을 사야 하기 때문에 돈을 벌고 시간을 활용한다. 구입한 물건 때문에, 카드 값 때문에 열심히 살아가고 있는 것이다. 하지만 그 물건이 정말 필요한 것인가 하고 돌아보면 그렇지 않은 경우도 생각보다 많이 있다. 더불어 버리지 못하는 사람들에 대한 관심도 생기게 되었다. 일반성을 뛰어 넘어 잡동사니로 가득찬 집에서 버리지 못하는 사람들의 문제가 정신적인 안정을 찾으려고 하는 인간의 심리가 반영된 것이고, 이것은 외로움 때문에 발생하게 된다는 관점도 있다.

캐런 킹스턴은 『아무것도 못 버리는 사람』에서 잡동사니로 가득한 공간에서는 에너지가 정체되어 있고, 에너지가 정체되어 있는 곳에서는 악취가 나고, 삶에 좋지 않은 영향을 준다고 말한다. 미래를 준비하면서 가장 오랜 시간 머무르는 공간이 에너지가 정체되어 있으면 안 될 것이다. 바쁘다는 핑계로 혹은, 게으르다는 이유로 잡동사니를 쌓아두고 있지는 않은가?

플랜비를 준비하고 있는 우리가 여기에서 생각해 봐야 할 것은 잡동사니 물건으로 가득한 공간을 생각하면서 공간을 정리하는 것으로 머무르면 안 된다는 것이다. 물론 중요하기는 하지만, 물리적인 공간뿐 아니라 더 넓은 공간으로 확장하여 시공간을 함께 살펴보자는 것이다.

혹시, 나의 중요한 시간이 잡동사니로 가득 차서 에너지가 미래 지향적으로 흐르지 않고, 과거와 현재에 머무르고 있지는 않은가? 현재에 충실하다고 말하면서 급하게 해결해야 하는 것에만 집중하거나 과거의 빛나던 시절을 회상하면서 미래로 가기 위한 에너지를 지금 여기에만 머물게 하고 있지는 않은가 말이다. 미래를 계획하고 지금과는 다르게 만들기로 결정을 했다면, 이제 나의 소중한 시간은 미래 준비를 위해서 활용해야 한다는 것이다. 즉, 현재의 순간에만 시간을 사용하면서 그 시간이 잡동사니로 쌓이지 않도록 하자는 것이다.

부룩스 팔머의 『잡동사니로부터의 자유』에서는 잡동사니 버리기에 대해 말한다. 잡동사니로부터 자유로워지기 위해서 첫째, 육체적으로든 심리적으로든 무엇인가 어색하고 거북하다고 느껴지면 그 물건을 버리라고 말한다. 무엇인가를 하면서 그 시간이 불편했던 적은 없었는가, 마음 속에는 다른 것을 담아 두고 몰입하지 못했던 시간이 있었는지 물어보고 싶다. 아침에 일어나서 눈뜨는 순간부터 잠자는 시간까지 기록을 해보자. 그리고 내가 이 시간에 왜 이것을 했을까 후회하는 것이 있다면 그 시간을 축소시키거나 버리자. 그리고 내가 몰입할 수 있는 것, 몰입해야 하는 것에 시간을 활용하자. 둘째, 사진들은 대부분 잡동사니로, 살아 있는 순간으로 가득한 사진들만 간직하라고 말한다. 중요한 사진들을 부정하는 것은 아니다. 하지만 플랜비의 성공을 위해서 과거의 기억과 이미지 속에서 우리가 찾아야 하는 것은 과거의 즐거움과 영광이 아니라 나의 미션과 가치관, 강점과 약점 등 나를 움직이는 원동력이 되는 에너지이다. 그리고 찾아낸 것으로 미래의 이미지를 명확하게 그리는데 활용해야 할 것이다. 셋째, 잡동사니는 접착성이 탁월하다고 한다. 겹겹이 쌓여 있거나 뒤엉켜 있는 물건을 살펴보면 잡동사니일 가능성이 크다는 것이다. 하루하루의 시간 속에서 하지 않아도 되는 습관을 갖고 있지는 않은지 살펴 보자. 아침에 눈을 뜨는 데 걸리는 시간은 얼마나 되는지, 의미 없이 휴대폰 속 세상에 빠져 있는 시간은 얼마나 되는지, 미루는 습관들이 만들어낸 불편한 상황들이 내 소중한 시간들 속에 의미 없는 잡동사니로 쌓여 가고 있지는 않은지 확인해야 할 것이다.

그리고 의미 없이 잡동사니로 쌓이고 있는 좋지 않은 습관들에 사용되는 시간들이 있다면 과감히 버리자고 말하고 싶다.

시공간은 함께 관리되어야 할 것이다. 관리한다는 것은 쓸데없는 것들은 버리고, 자리를 못 찾고 있는 것은 제자리를 찾아 주고, 확보된 공간과 시간을 의미 있게 채워 나가야 하는 것이다.

'뭐 눈에는 뭐만 보인다'라는 속담이 있다. 사자의 눈에는 먹잇감이 보이고, 사제의 눈에는 좋은 면만 보일 것이다. 이것은 이미지일 뿐 실제 상대가 아니다. 또 사자인지 사제인지는 전혀 중요하지 않다. 중요한 것은 나의 마음이다. 사람을 어떻게 보느냐에 따라 모든 것이 달라질 수 있다. 그리고 어떤 마음을 먹느냐에 따라 상황은 반전될 수 있다.

필자가 육군 군 복무를 할 때의 일이다. 공군의 모 기지를 타격하는 작전에 투입되었는데, 부대를 방어하는 예비군을 뚫고 가상의 적 기지를 타격하여 폭파 딱지를 붙이면 성공하는 작전이었다. 예상과는 다르게 예비군의 저항이 대단했고, 삽시간에 침투조는 흩어져 버려 필자는 대한민국 공군 기지가 아닌 미군 부대로 들어가는 사태가 벌어졌다. 거의 죽기 직전까지 홀로 버티는 시간을 견뎌내었고 미군 장갑차에 실려 포로로 잡히는 신세가 되었다. 철조망에 갇혀 미군에게 심문을 받는 지경에 이르렀다. 그때의 겉모습은 누가 봐도 침입자 그대로였다. 신분이 밝혀지기까지 상당한 시간이 흘렀고, 외롭고 고독한 상황을 빨리 벗어나고 싶었다.

때마침 한 명의 미군 상병이 서투른 한국어로 사전을 뒤적이며 필자가 대한민국 육군이라는 것을 밝히려는 정성이 필자의 눈에 포착되었다. 카투사와 연결해 통역을 도왔고, 미군 장교를 설득하는 노력이 참으로 고마웠다. 철조망에서 필자를 꺼내준 뒤 심리적으로 안정을 취하도록 어깨를 두드려 주고 서툰 대화를 나눌 때만큼은 다시 찾은 자유를 얻는 기분 그 이상이었다. 만약 필자가 진짜 침입자였다면? 그 심문에서 적군으로 간주되었다면? 과연 상황은 어땠을까 상상이 가지 않는다. 무엇보다 한 명의 사람이 상대를 보는 눈이 달랐고 질문도 달라졌다. 상황 판단을 하기 위해 노력하는 자세와 도움의 손길이 닿도록 적극적인 행동으로 보여 주었다.

우리는 때로는 면접관이 되기도 하지만 피면접자가 되기도 하고, 평가자가 되기도 하지만 평가받는 사람이 되기도 한다. 즉 조직에서는 리더가 되기도 하며 팔로워가 되는 다양한 역동적인 역할 전환이 필요하다. 특히 채용의 인터뷰에서는 함께 일하는 실무 담당자와 함께 면접을 보는 경우가 많다. 필자가 속한 조직에서 인터뷰에서 가장 중요하게 생각하는 것은 첫 번째, 함께해도 좋은 사람인가? 두 번째, 우리들을 한 단계 높여 주는 사람인가? 이렇게 크게 두 가지를 놓고 대화를 나눈다. 이 가장 소중한 경험은 '나' 스스로를 돌아보게 한다. 면접관으로 참여한 구성원은 입사 초기 나의 모습과 지금의 모습을 비교해 볼 수 있고 앞에서 열정적인 모습을 쏟는 피면접자를 보면서 자신을 반추하게 된다.

게다가 자신과 다른 열정의 동료를 보게 된다면 자신의 컨디션을 스스로 체크해 볼 수 있는 좋은 기회가 아닐 수 없다. 더구나 소신과 신념 있는 나를 재발견할 수 있는 장소가 바로 새로운 사람과의 대화인 듯하다. 우리는 누구나 새로운 사람과 소통하고 마음을 나눈다. 새로운 사람을 만나지 않고는 살아가기 참 어렵다. 소위 끼리끼리 만난다고 하지만 코드도 맞춰야 하는 노력이 필요하고, 끼리가 되려면 충분한 시간과 대화가 필요충분조건이 되어야 할 것이다. 하지만 서로가 언제부터 친분이 두터웠던가? 속 얘기를 터놓는 시점은 언제부터였을까? 부끄러움을 이겨내고 막역한 사이가 되는 나를 발견하지 않았는가? 신념과 이념, 그리고 철학. 많은 부분이 서로 다를 수 있다. 다양성을 존중해야 한다는 건 어쩌면 당연한 이야기 같지만 따뜻한 마음씨와 감사함이 수반되지 않은 존중은 가면 쓴 늑대와 같이 사람을 깊게 알지 못하는 함정에 빠질 수 있다.

진심이 우러나오는 감사의 말 한마디는 그 어떤 영향력보다도 대단하며, 사람을 대할 때 가슴에서 나오는 진심의 질문과 답변을 통해 깊은 관계를 이어나갈 수 있다.

때와 장소를 가릴 것 없이 사람을 보는 눈은 가슴으로 향해야 한다. 아픔도 슬픔도 기쁨 또한 인간이기에 느끼기에 함께 공감하고 이해할 줄 아는 사람으로 거듭나야만 할 것이다. 눈은 보이는 것이 전부이지만 가슴으로 느끼는 감정은 모든 것이기 때문이다. 그것이 사람을 움직이게 만들고 아름다운 세상을 가꾼다.

아침에 눈을 뜨는 동시에 사람을 대면하고 눈을 맞추고 생각과 대화를 나눈다.

생각을 정리하여 논리 있게 말을 하는 사람이 있지만, 생각보다는 말이 먼저 나와 자칫 오해나 불신이 있는 경우가 있기 마련이다. 이따금 관계를 풀기 위해서는 사과나 솔직함이 필요한 경우가 있는데 그것이 관계의 시작이다.

조직에서도 마찬가지이다. 비판적인 견해를 발설하지 않는 리더의 모습은 구성원으로부터 극도의 투명성이 조성된다. 특히 어떠한 대상에 대한 비판적 평가와 불만을 표현한다면 일을 시작하는 데 큰 장애가 된다. 게다가 도미노 현상처럼 주변에 영향을 끼친다. 단적인 예로 집안에서 아빠와 엄마가 서로 싸우는 모습을 본 자녀들은 각자의 방으로 들어가고, 공부는커녕 입을 닫고, 집 밖으로 나가 버린다. 장애를 발견하는 것이 리더의 몫이지만 그것을 해결하는 것 또한 리더의 몫이다. 모든 것이 대화로부터 시작되어야 하고 관계의 발전이 성숙하여야 한다.

팀 단위 조직의 구성에서는 한 사람의 역할이 아주 중요하다. 혹시 부재한다면 그 빈자리를 다른 누군가가 확실히 백업을 해 줘야 하고, 그를 대신할 일에 대한 믿음과 신뢰가 밑바탕이 되어야 한다. '농구의 황제' 마이클 조던도 그 화려한 플레이 뒤엔 스카티 피핀이 그를 백업해 주고 있었고, 그 또한 그 믿음을 지키기 위한 원칙이 있었다. "안 된다고 하지 말라. 한계란 공포처럼 잠깐의 환상에 불과하기 때문이다"라는 본인만의 철저한 한계를 극복하기 위해 자기 관리를 철저하게 하고 팀 모두를 리드했다.

관계의 어려움에 직면하면 대체로 그 순간을 회피하는 경향이 많다. 이런 경우에 관계의 수준이 그대로 표출될 가능성이 아주 높다. 예컨대 일에 대한 어려움이 있을 수도 있고, 감당하기 어려운 한계에 도달해 난관에 봉착되어 있을 수 있고, 난처한 상황에 누구에게도 말하지 못할 아픔을 홀로 감당해내야 하는 시간일 수도 있다. 누구 하나 도움의 손을 내밀지 않는 상황마저 진행되었다면 심리적인 불안이 엄습해 온다. 대화 자체를 거부한다거나 사람을 만나는 것조차 벽이 생길 수 있다. 이는 나를 돌아봐야 할 절호의 찬스이다. 관계에 관한 과거, 현재, 미래를 모두 생각해 봐야 하는 타이밍이다.

사람은 과거의 나로 인해 현재가 완성되었고, 더 나은 미래를 희망하기에 현재가 힘들고 어려울 수 있기 때문이다. 따라서 인간관계의 울타리에서는 끊임없이 나 자신에게 관계에 대한 중요성을 일깨워 줘야 한다. 동물과는 다르게 사람은 삶 가운데에서 도움을 주기도 하며, 도움을 받을 때 깊은 감정, 즉 감사함이 생긴다. 시간이 흘러 이러한 감사함을 때로는 잊곤 하지만 이는 관계의 개선에 대한 나의 성찰의 시간이라고 여기면 좋다. 누구나 모두 단점과 약점이 있다. 그 부족함을 채워주고 보완해 주는 역할이 팀원이고 파트너의 역할이다. 성공자의 성공 키워드를 조합해보면 그들은 한결같이 '장소, 사람, 책' 세 가지를 꼽는다.

나 자신이 부족하다 느낀다면 그것을 채워 줄 장소를 바꾸고, 사람을 찾아 도움을 받는 훈련과 용기가 필요하다. 오히려 나를 그 속에 끄집어 넣는다는 표현이 더 맞을 수도 있겠다. 우리는 잠재력을 품고 산다. 그 잠재력이 나 스스로 발견하고, 성장의 발판이 되면 이상적이겠지만 대부분의 잠재력은 나보다 훨씬 열정이 넘치고, 에너지가 있는 사람에게서 나를 돌이켜보며 반면교사를 통해 진정한 나의 모습을 찾아낼 수 있다. 이는 다양한 사람과 관계하며 인간관계의 성숙함이 정교해질 때 발견된다고 필자는 생각한다. 누구나 처음은 낯설고 어색하다. 하지만 관계는 연속이다. 오늘 마지막으로 끝내 버리는 일과가 아니다. 초등학교에 입학하여 첫 짝꿍과의 어색함을 기억하고 있는가? 누군가는 추억이 되었겠지만 누군가에는 내 인생 최고의 단짝이거나 다시는 보고 싶지 않은 동창에 불과할 수도 있다.

하지만 관계는 질긴 힘줄과도 같아서 비슷한 처지와 유형이 되찾아오는 것이 현실이다. 회피하지 않고 관계를 개선해 나가고자 하는 '나'를 찾는 것이 좋은 관계의 시작이 아닐까.

심상치 않다. 기름에 불이라도 옮겨 붙은 듯, 코로나는 우리 사회 변화에 가속도를 붙였다. 우리의 일상은 작년과는 다르며 과거의 그 어떤 시대와도 또 다르다. 예전에는 이상했던 것이 이제는 일상이 되어 버렸다. 마스크 없는 하루는 이제 왠지 허전하다.

변화 속에서 기업들은 생존을 위해 체질 개선에 힘쓰고 있다. 살아남는 조직은 가장 강하거나 똑똑한 조직이 아니라 변화에 가장 잘 적응하는 조직이기 때문이다. 아무것도 바꾸지 않으면 아무것도 변하지 않는다는 사실은 많은 기업이 변할 수밖에 없도록 만든다. 마치 도태되거나 퇴보할 수 있다는 두려움이 변화의 원동력이 되는 것 같다. 다행인 것은 벼랑 끝에서 사람의 저력이 나오듯 빠르게 변화에 잘 적응하는 기업들이 있다는 사실이다.

조직이 변하면 조직 구성원들도 자연스럽게 변화에 승차하게 되고 변화에 적응해야만 하는 상황에 부닥친다. 이러한 강제적인 변화가 항상 조직 구성원들을 불행하게 만드는 것은 아니지만, 불안하게 만든다. 두려움을 원동력 삼아 변화했던 조직처럼, 불안감을 원동력 삼아 구성원들은 변화에 적응하고자 노력한다. 마음의 조급함 때문일까? 조직도 사람도 빠르게 변화하는 것에 온 힘을 쏟게 된다. 생각해 봐야 하는 것은 빠른 변화가 바른 변화인 것은 아니라는 사실이다. 어쩌면 많은 조직이 시기에 맞지 않게 변화하는 조숙증에 걸린 것은 아닐까 생각해보자.

그렇다면, 빠른 변화가 아닌 바른 변화를 위해서는 무엇이 필요할까? 조직에 속한 개개인의 입장에서 생각해 보면 잠시 멈춰 지금까지의 경험을 정리하는 시간을 가지는 것이 필요하다. 나다움이 나의 다음을 결정짓기 때문이다. 회고를 통해 나를 특별하게 만드는 나다움을 발견해야 빠른 변화와 바른 변화를 모두 이룰 수 있다.

첫 번째, 나다움을 발견하기 위해서는 지금까지 내가 해온 역할에서 인정받은 것은 무엇인지 고민해 보자. 내가 맡았던 수많은 역할 중에서 내가 인정받은 역할은 다른 사람과는 다른 나다움이자 내가 계속해서 유지해야 하는 나다움이다. 나의 지금까지의 경험을 책으로 쓴다면 어떤 제목이 어울릴지 생각해 보아도 좋다.

두 번째, 내가 지금까지 성공할 수 있었던 나만의 성공 원칙은 무엇인지 고민해 보자. 혹은 일하면서 지금까지 마주했던 역경의 순간을 떠올려보고 내가 역경을 넘을 수 있었던 이유를 생각해 보는 것도 한 가지 방법이다. 성공 원칙에는 나는 무엇을 잘하며, 무엇을 할 때 빨리 배우는지, 무엇을 할 때 즐거워하는지 등을 같이 고민하는 것이 필요하다. 성공 원칙은 곧 나의 강점을 의미하며 내가 더 바른 변화를 이룰 수 있도록 안내하는 청사진이 되어줄 것이다.

마지막으로, 앞으로도 계속해서 인정받기 위해 필요한 것은 무엇일지 고민해 보자. 이때는 내가 평상시에 존경하거나 본받고 싶은 리더의 모습을, 본받고 싶지 않은 리더의 모습을 생각해 보면 자연스럽게 내가 어떻게 변화해야 하는지를 알 수 있다. 내가 본받고 싶은 리더의 모습이 다른 사람의 모습이 아닌 나의 모습이 될 수만 있다면 또 다른 나만의 특별함이 될 수 있다.

이렇게 일련의 고민을 통해 결국 인정받는 데 기여한 나다움과 계속해서 인정받는 데 기여할 수 있는 나다움을 구분하고 내가 유지해야 할 나다움과 변화해야 할 나다움을 구분하는 것이 중요하다. 톨스토이는 "모든 사람이 세상을 변화시키는 것을 생각하지만 자신을 변화시키는 것은 생각하지 않는다"고 말하였다. 이처럼 나의 변화에 대한 바른 고민이 빠른 변화가 아닌 바른 변화를 이룰 수 있다. 어쩌면 우리에게 필요한 것은 나의 특별함에 대해 하루 정도 사색하며 머무는 시간일 것이다.

줄리아

내일 행복하기 위해서 오늘을 희생하고 있지는 않은가? 행복은 추구하는 가치가 아니라 발견하는 가치라고 하는데 이런 생각이 드는 날들이 있었다. 내가 그랬다.

하루하루 좋은 일보다 힘든 일이 많은 것 같았고 살아 내는 것이 힘들었다. 그때 몸도 고장이 났다. 세상에 내 뜻대로 되는 것이 많지 않았다. 몸이 아프기 전에 마음이 먼저 아팠다. 무엇보다 먹을 수도 편히 쉴 수도 없는 일상생활이 무너져 몸이 많이 피폐해진 상태였다. 정신적 힘듦을 이겨낼 때 신체적으로도 문제가 생겼다. 수술을 해야 했다.

수술을 위해 입원한 병실은 암환자들과 함께 있는 곳이었다. 각종 부인과 질환부터 중증 암환자까지 다양한 병명과 세대가 함께했다. 옆에 계신 분은 수술 후 생존을 장담할 수 없는 중증 암환자였다. 그분은 수술하기 전 시술 단계에서부터 통증이 너무 심해 진통제를 맞아도 밤새 아파 소리를 질렀다. 옆에 있는 나 또한 잘 수도 없는 상황이었다. 이 상황이 급박했기에 나는 아픈 것을 잠시 잊은 듯 했고 코로나로 병실에 보호자가 없었기에 마치 보호자 입장이 되어 그분의 희비를 옆에서 지켜 보았다. 지금도 그때의 일이 생생하다. 병실에 있던 분들에게는 잘 자고 잘 먹는 지극히 평범한 일상들이 간절한 소망이었다. 가지고 있는 것들이 많은데 그동안 맘대로 되는 일이 없다고 투정 부려온 내가 부끄럽고 감사함을 잊고 살았다는 걸 깨달았다.

행복은 멀리 있는 것이 아니라 내 안에 있다는 것을 몸소 체험하는 순간이었다. 코로나19를 통해서도 우리는 당연한 것들이 당연한 것이 되지 않는 상황을 모두가 겪고 있다. 너무 평범하고 당연해서 일상에 대한 감사함을 잊고 산 것이다.

더 행복한 내일을 꿈꾸며 살아가지만 삶은 뜻한대로 흘러가지 않는다. 드라마틱한 삶만이 행복이 아니라 평범하고 고요한 삶이 행복인 것이다. 과거를 원망하지도 미래를 불안해할 필요 없이 행복을 미루지 말고 현재의 내가 행복해야 하는 것이다.

오늘의 나는 과거의 내가 만들어 낸 것이다. 힘들었던 과거가 있었기에 현재의 내가 행복할 수 있는 것이기도 하다. 이렇게 긍정감이 생기니 사람이 변화되고 좋은 일이 많아서 행복한 게 아니라 사소한 것에 감사하니 행복해진다.

지금 처한 환경을 탓하고 부정적으로 바라 보기보다는 사소한 것에 감사하고 바라는 것들을 조금씩 실행하다 보면 미래도 긍정적으로 바뀌어 있을 것이다. 그렇지만 삶이 그러하듯 이따금씩 내 마음에 불행이 찾아올 때마다 그때의 일을 떠올리고 되뇌인다.

행복은 감정이 아니라 삶의 방식이다. 행복은 어떤 성취, 관계 또는 휴식에서 오는 것이 아니라 현재의 가치에 집중하고, 현재를 살아가고, 자신을 사랑하고, 우리가 가진 것을 감사하는 방법을 아는 것에서 비롯된다.

지금까지 불평하던 삶의 방식을 바꿔서 우리가 행복을 보는 방향으로 삶을 바꿔보려 한다면 우리가 원하는 곳에서 행복을 찾을 수 있음을 깨닫게 된다. 오늘을 불행으로 선택할지 행운으로 선택할지는 단지 나의 선택에 달린 것이다. 무료하고 불행한 오늘이라고 자조하지 말고 내가 가진 행복을 발견하는 오늘이 되길 바란다. 오늘도 나는 불행보다 행복을 선택할 것이다.

사소한 성의

콰지

　　덤벙대지 말아라. 침착해라. 학창 시절 부모님께
많이 들었던 말이다. 등교할 때 챙겨야 할 것들을 자주 놓고 다
녔던 나는 "다녀오겠습니다"라고 말하고서는 집 앞을 몇 걸음
나서기도 전에 다시 돌아와 초인종을 누르곤 했고, 그럴 때마
다 부모님은 꼼꼼하게 살피라고 말씀하셨다. 사회 초년생이 되
었을 때도 이와 비슷했다. 문서에 오타를 내고, 메일에 참조를
깜빡하거나, 결재 서류에 줄맞춤이 틀려서 한 번에 통과했던
적이 없다. 빨간펜으로 여러 번 첨삭을 받는 것은 기본이었다.

지금은 조금 나아졌겠지만, 나의 부족함을 채워주는 훌륭한 동
료들에게 감사하고 있다. 원래 이야기로 돌아가면, 디테일이
떨어진다는 피드백이 유독 많았던 나였지만, 그럼에도 억울한
순간은 있었다. 바로 '알고 있었던 실수'이다. 분명히 그렇게 하
면 안 되는 것을 알고 있었는데, '에이 이 정도는 괜찮겠지' 하
고 그냥 넘어가면 문제는 꼭 그곳에서 시작되곤 했다. 그 원인

에 여러 핑계를 댈 수 있겠지만 결국에는 나의 귀찮음이었고, 다른 말로는 '성의 없음'이었다.

사적·공적 영역을 떠나서 누군가와 관계를 만들어 갈 때도 마찬가지다. 처음에는 모를 수 있지만 어느 정도 시간이 흐르고 서로를 알게 되면 상대방이 무엇을 원하는지 안다. 따뜻한 말 한마디와 공감을 필요로 하는 것인지, 객관적인 의견을 원하는 것인지, 구체적인 해결 방안을 원하는 것인지. 하지만 알면서도 외면하는 경우들이 있다. 그런 관계의 끝은 불편함과 후회가 남게 되는 경우가 대부분이고, 원만한 관계라고 하더라도 그것은 나의 노력이라기보다 상대방의 헌신인 경우였다.

일의 마무리가 좋지 않은 것은 MBTI 검사에서 P의 성향을 가진 것이기 때문에 어쩔 수 없는 일이고, 관계에서도 나를 지키기 위한 생각들로 나를 감싸 왔다. 성격유형 검사는 참고사항은 될 수 있겠지만 절대적인 기준이 될 수 없고, 나랑 맞는 사람들 하고만 살 수도 없다. 유튜브 알고리즘이 우리의 사고를 고착화하는 데 일조하는 것처럼 더욱 굳어진 사람이 될 뿐이다. 성장과 성숙을 향하는 우리의 삶은 불편함과 불확실성을 마주하고 감내할 수 있어야 한다. 이때 매사에 성의를 더해야 함은 두말할 것도 없다.

성의 있다는 말은 다르게 말하면 정성을 더한다는 말이다. 한때 진정성이라는 단어가 갖고 싶어서 의미를 고민했던 적이 있다. 그러다 최근 주변 동료들을 보며 그 의미를 어렴풋이 알 수 있었다. 진정성은 내가 주장할 수 있는 게 아니었다. 아무리 진심을 다했다고 이야기해도 상대방이 그렇게 생각하지 않으면 의미 없다. 일의 결과가 또는 만들어가는 과정이 의심스럽다면 그 또한 의미 없다. 역시 악마는 디테일에 있었다. 일에서도 관계에서도 마찬가지였고 그동안 사소하다고 생각하고 귀찮음으로 외면했던 내가 알 수 없었던 것이 당연했다. 일의 경중을 따지기 전에 조금 더 치열하고 신중하고 섬세하게 일상을 채워보자.

이번 베이징 올림픽에서 한국에 첫 메달을 안긴 김민석 선수가 경기가 끝난 뒤 경기장에서 울고 있는 중국 선수를 위로했던 장면과 경기장을 떠나면서 쓰레기를 정리하는 모습은 많은 사람에게 감동을 주었다. 삶에 정성을 더한다는 것은 이런 것이다. 눈앞의 일들을 외면하지 않는 것.

오늘 내 앞의 일들에 정성을 더해 보자. 남들이 알아주는 것이 아니더라도 귀찮음을 이겨내고 번거로움을 떨쳐 내보자. 우리는 프로니까.

세대론이 들썩이고, 여러 개인이 두각을 드러내고 있다.

1인 유튜버가 콘텐츠를 만들고, SNS로 퍼스널 브랜딩을
하는 것은 더 이상 특이한 일이 아니다.
이런 상황이 새로움의 부상처럼 보일 수도 있겠지만,
한국 사회는 오래전부터 조직이나 집단이 아닌,

개인이 이미 시작되고 있었다.

PART
6

세대론&여성

MZ세대와의 대화법

제임스

조직 구성원의 중심이 점차 MZ세대로 이동하고 있다. 최근 방문한 S그룹의 한 담당자로부터 1만여 명의 직원 중 MZ세대의 비율이 벌써 78%라는 소식을 들었다. 이런 상황에서 MZ세대를 이끄는 리더들은 당황스러울 수밖에 없다. MZ세대를 이해해야지 하면서도 이상하게 느껴지는 것은 어쩔 수 없는 것인가? 세대 차이라는 것이 없던 세대는 없겠지만, 요즘 리더들만큼 힘들어 보이는 리더들은 또 없어 보인다. 괜히 조직에서 리더가 되려는 사람이 없다는 우스갯소리가 들리는 것이 아니다.

그런데, 조직에서는 점차 리더에게 이런 구성원들과 더 자주 1대 1 면담을 진행하기를 요청한다. 안 그래도 바쁜 리더들이 구성원을 개별적으로 한 명 한 명 만나는 것이 쉬울 리가 없다. 그래도 꼭 해야만 한다면 그나마 리더들도 편하게, 구성원에게도 도움이 되는 대화를 해야 하지 않을까? 리더가 MZ세대와 대화를 나눌 수 있는 소재가 무엇이 있을지 살펴 보자.

첫째, 믿음과 기대에 대한 대화이다. 리더십 분야의 세계적 석학 장 프랑수아 만조니와 장 루이 바르수는 "어떻게 하면 구성원을 무능하게 만들 수 있을까?"에 대해 15년간 3,000여 명의 리더를 대상으로 연구를 진행했다. 그 결과 "아무리 일을 잘하는 구성원도 리더로부터 일을 못 한다고 의심받는 순간 실제로 무능해져 버린다"는 결론이 도출되었다. 리더가 구성원을 성장 가능한 대상으로 바라보는 것이 중요하다는 것이다.

믿는 것에 그치지 않고, 실제로 리더가 구성원에 대해 가지고 있는 믿음을 자신만의 언어로 표현해 보자. 팀 주간 회의에서 전체 팀을 대상으로 먼저 표현해 볼 수도 있다. 혹여나 불신하는 부분이 있다고 하더라도 리더는 최대한 먼저 믿음을 가지고 있다는 것을 표현함으로써 팀의 긍정적인 에너지를 높여야 한다. 말로 하는 것이 힘들다면, 이메일로 전체 팀원에게 '리더의 글'을 써서 공유해 보자. 포스트잇에 짧은 메시지를 적어서 구성원 개개인에게 전달하는 것도 방법이다. 이렇게 수많은 말보다 리더의 믿음이 구성원의 성장에 필요한 영양분이 될 수 있다.

둘째, 성장에 대한 대화이다. MZ세대는 개인의 성장에 특히나 관심을 보인다. 이는 이기적인 성향보다는 개인적인 성향이 강한 요즘 세대의 특성을 보여준다. 하지만, 조언이나 피드백을 하려 하면 리더들은 혹시나 자신이 꼰대같이 느껴지지는 않을까 하는 염려가 앞선다. 꼰대같이 보이지 않으려고 칭찬만 하게 되지만, 정작 MZ세대의 구성원이 원하는 것은 기분 좋은 칭찬이 아닌 자신을 성장시키는 피드백이다.

MZ세대는 자신을 성장시키는 피드백에 반응한다. 리더의 피드백 내용이 자신에게 도움이 되지 않는다면, 결국 잔소리에 지나지 않는다. 성장을 위한 대화를 할 때 리더는 구성원이 과거에 어떻게 행동했는지보다 앞으로 어떻게 행동해야 하는지에 집중하는 것이 좋다. 물론 과거의 행동을 돌아보는 것도 중요하지만, 백미러만 계속 보며 앞으로 나가는 자동차는 없지 않은가?

대화하기 전에도 구성원의 의사를 항상 먼저 물어보는 것이 중요하다. 허락받지 않고 갑작스럽게 불러내서 전하는 대화는 폭력일 수 있다. 구성원에게 리더의 어떤 지원이 필요한지 먼저 질문하는 것도 필요하다. 일방적으로 리더가 무언가를 도와주겠다고 말을 쏟아낸다면 번지수를 잘못 짚고 있을 가능성이 있다.

마지막으로 리더만이 구성원의 성장을 도울 수 있다는 생각은 금물이다. 구성원과의 대화는 자신의 리더십을 성장시키는 기회이다. 내가 하는 행동 중 더 많이 했으면 하는 것은 무엇인지, 혹은 더 적게 했으면 하는 것은 무엇인지, 필요하지만 내가 하고 있지 못한 행동은 무엇인지 주변에 물어보자. 이럴 때 비로소 리더와 구성원 모두에게 유익한 성장의 대화가 될 수 있다. 대화의 기술은 리더십의 언어라고 한다. 믿음과 성장에 대한 대화는 조직의 중심에 있는 MZ세대를 더 이해하고, 더 잘 이끄는 기회가 될 것이다.

개인은 이미 시작되고 있었다.

제이

세대론이 들썩이고, 여러 개인이 두각을 드러내고 있다. 1인 유튜버가 콘텐츠를 만들고, SNS로 퍼스널 브랜딩을 하는 것은 더 이상 특이한 일이 아니다. 이런 상황이 새로움의 부상처럼 보일 수도 있겠지만, 한국 사회는 오래전부터 조직이나 집단이 아닌, 개인이 이미 시작되고 있었다. 세대론의 논의를 거슬러 올라가보면, 그 첫 시작에 X세대가 있다. 제일기획 트렌드 리포터에서는 X세대를, "주위의 눈치를 보지 않는 개성파였으며 경제적 풍요 속에 성장했던 세대로 경제적으로 원하는 것은 무엇이든 얻을 수 있었던 세대"로 정의한다. 실질적인 민주주의를 경험하고, 청년기에 IMF를 경험한 세대를 주로 이른다. 바로 뒤에 오는 세대로는 밀레니얼 혹은 Y세대로 대변되는 집단이다. 교육 수준이 높고, 테크놀로지와 온라인을 적극적으로 활용하는 세대로 아날로그와 디지털 환경을 둘 다 경험한 사람들을 통칭한다. 그 다음은 Z세대로, 1990년대 중반 이후에 출생한 사람들이다. 이들은, 디지털 환경에서 자랐다는 의미로 '디지털 네이티브'라는 말을 붙이기도 한다.

이 세 세대를 설명하면서 빠지지 않는 단어들이 있다. 바로 '개성적', '개인적'이라는 표현이다. 이 말이 그들에게 붙을 수밖에 없는 이유는 역사적 연대의 경험이 이전 세대보다 확연히 적었던 세대이기 때문이다. 한국인들은 1950년대 말 전후 사회의 혼란을 수습하고, 1970년대 고도의 경제 성장을 이루어냈다. 1980년 민주화 체제를 수호하기 위해서 사람들은 계속해서 연대했고, 서로 같은 목표를 가진 채 직면한 장애를 넘어 왔다. 그 가운데 "난 너와 달라"를 외치는 젊은이들의 등장은 새로운 혼란이었다. 그 혼란에 처음 이름 붙이기 시작한 것이 바로 X세대라는 칭호였다.

신자유주의 체제에 잘 맞는 개성적인 개인이 문제가 되는 것은 포용력에 있다. 연대의 경험과 기억은 구성원끼리의 동질감과 응집력을 만들어낸다. 끈끈함이 존재하는 관계에서 '다름'은 유별난 것이 아닌 인간적 차원의 자연스러움으로 이해된다. 그렇지만, 공통의 경험이 없고, 유대가 부족한 관계에서 다름은 이해의 영역이 아닌 판단의 영역이다. 정치적 이슈뿐만 아니라, 성별, 세대, 즉 집단 간의 차이가 있는 곳에서 빈번하게 오고가는 것은 '그 행동, 사상, 생각들이 옳은가?'이다. 그런 논의들은 도덕성을 지켜내기도 하지만, 동시에 포용의 탄력성을 잃게 하기도 한다.

뭉쳐지지 않고 흩어져 버리는 구성원들을 이해하려는 시도는 정부, 기업적 차원뿐만 아니라 조직의 가장 작은 단위인 가정에서도 이루어지고 있다. 앞서 언급했던 세대론뿐만 아니라, MBTI 검사와 <오은영의 금쪽 상담소>가 사회적으로 관심을 끄는 이유는 개인의 기질과 성격, 각각의 가정환경으로 개개인을 조망하려는 시도이기 때문이다.

이런 개인들을 이끌어 가는 조직은 어떤 자세를 취해야 할까? 현재 조직에게 가장 필요한 건, 다름을 인정하는 것을 넘어서서 끌어안을 수 있는 넉넉함이다. 그러기 위해서는 연대의 순간을 늘려 가야 한다. 연대의 뜻은 새롭게 재해석돼야 할 것이다. 과거의 연대 방식, 예로 들자면 회식이나 관례적으로 지속돼 온 사내행사가 아니라 구성원들 각자가 의미를 부여할 수 있는 새로운 함께함이 필요하다. 철학자 한병철은 현 시대를 "리추얼Ritual, 공동체가 보유한 가치들과 질서들을 반영하고 전승하는 상징적 행위이 사라진 사회"라고 표현했다. 조직이 오늘의 개인들을 이끌어가기 위해서는 과거의 유물을 그대로 전승하는 행위가 아니라 그들을 위한 새로운 문법의 언어가 필요하다. 그것은 앞서 언급했던 리추얼이 될 것이고, 곧 연대의 순간이 될 것이다. 앞으로 있을 조직의 모습은 조직의 언어로 개인을 지우는 것이 아니라, 다양한 개인의 언어가 공존하는 형태가 되어야 할 것이다. 그 다양한 언어를 포용하고 보유한 조직일수록, 새로운 혁신의 문을 열 수 있지 않을까.

공통언어를 향한 꿈[*]

에일린

얼마 전 오랜 친구로부터 연락이 왔다. 연구실의 박사 보조로 파트타임 근무를 할 수 있게 되었다고 했다. 근무 시간도 10시~15시. 퇴근 후 아이 둘을 어린이집에서 데려올 수 있는 최적의 시간이었다. 대학원에서 석사과정을 밟다가 결혼을 하고 바로 육아에 내몰린 친구는 9년을 기다려서야 일하고 싶었던 분야의 파트타임 일을 구할 수 있었다. 구직 하기까지 타이밍이 잘 맞지 않기도 했고, 오랜 시간 쉰 탓에 사회로 복귀하는 것에 대한 두려움 등 여러 가지 복잡한 마음에 힘들었다고 했지만 언제 그랬었냐는 듯 전화기 너머 한껏 고양된 목소리로 합격 사실을 알려 주었다.

세상이 많이 바뀌었다고 하나 여전히 이러한 상황에 놓인 지인들이 많이 있다. 육아로 인해 사회생활을 포기해야 한다면 대

. . . . .

[*] 제목은 에이드리언 리치, 『공통언어를 향한 꿈』(민음사, 2020)에서 차용했다.

부분이 여성들의 몫이며, 게다가 긴 육아휴직이 보장되고 돌봄 시스템을 갖춘 회사가 아니라면 자연스럽게 경력 단절로 이어질 수밖에 없다. 사회초년생 때 만나 각자의 분야에서 빛나던 친구들의 대부분은 이제 사회에서 만날 수 없다. 실제로 여성정책연구원의 2016년 기업 직급별 여성 비율 조사를 보면 사원 직급 45%에서 시작해 과장까지 31.4%를 차지하다 차장부터 13.6%로 급감한다. 글로벌 조사도 국내보다 약간 높으나 다르지 않다. 2019년 맥킨지의 조사를 보면 신입 직원 여성 비중 48%에서 시작해 팀장급은 34%, 임원급은 26%로 비중이 낮아진다. 다른 연구들을 종합해 보면 이렇게 되는 이유는 크게 두 가지로 좁혀진다.

첫 번째는 제도적인 부분이다. 아직도 출산과 육아를 겪고 돌아오면 극복하는 데 시간이 걸리는 능력의 갭, 그리고 평가에까지 반영되는 제도로 인해 여성들은 더 이상 남성들만큼은 올라가기에 어려운 상황에 놓인다. 그렇게 대부분은 출산과 육아를 겪으며 조직에서 사라진다. 두 번째는 여성들 스스로 갖는 두려움이다. 예전에 어떤 예능 프로그램을 보며 한 가지 묘한 공통점을 발견했다. 그 프로그램은 매 회 컨셉에 맞는 전문가나 일반인들을 섭외해 인터뷰 하는 프로그램이라 종종 능력 있고 재기 넘치는 직장인들도 꽤 볼 수 있었다. 그런데 직장인 여성들의 인터뷰에는 일을 하느라 아이에게 신경 못쓰는 미안함, 죄책감이 상당히 많이 드러났다. 엄마로서 함께 있어 주지 못하는 것에 대해, 아플 때 함께 있어 주지 못하는 것에 대해 많은 감정들을 드러냈다. 물론 직장인 남성들도 그런 언급을 안 한 것은 아니다. 하지만 그것은 같이 시간을 더 많이 보내주지 못하는 데 대한 미안함, 희생에 대한 고마움이었다.

남성보다 여성은 완벽함에 대해 더 많이 생각하는 것 같다. 휴 랫팩커드의 사내보고서를 보면 '여성은 필요조건을 100% 충족해야 공개 채용직에 지원하는 반면 남성은 필요조건의 60%를 충족한다고 생각하면 지원한다'고 한다. DDI의 연구에서도 많은 직장 여성들이 자신이 동료 남성보다 능력이 뒤진다고 평가한다'고 밝혔다. 여성은 할 수 있는 것보다 할 수 없는 것을 더 많이 생각하는 경향으로 인해 완벽주의에 대한 부담감과 두려움이 상대적으로 높을 수 있는 것이다. 그렇다면 조금 더 생각해보자. 이 완벽해야 한다는 기준은 어디에서 오는 것인지, 외부의 목소리인지 내 마음 속의 목소리인지.

미국의 시인 에이드리언 리치의 시집 『공통언어를 향한 꿈』에는 남성의 언어와 시선이 아닌 여성의 언어, 여성의 정의로만 시를 채우려는 노력이 가득하다. 우리와 같은 여성들의 삶을

이해하고 연대하는 동시에 자신의 욕망을 억누르지 말라는 메
시지들이 적혀 있다.

이제 나는 나를 위해 써야만 한다   생각 지팡이로
사람들 걷는 길 긁어 자국 남기는 이 눈먼 여자를 위해
이 실내화를 신은 노파   살얼음 낀 길 위에서 조금씩 움직이며
쇠줄로 된 쓰레기통에 다가가   버려서
무한히 소중한 것을   꺼내는

나는 내 손을 본다 그리고   그것들이 여전히 미완임을 안다
나는 덩굴을 본다 그리고 잎눈이 생명을 향해
조금씩 움직이고 있음을 안다

나는 유리에 비친 내 얼굴을 본다   그리고
태어나다 만 여자를 본다

에이드리언 리치, 허현숙 역, 『어퍼브로드 웨이』,
『공통언어를 향한 꿈』, 민음사, 2020.

요즘은 그 어느 때보다도 이런 이야기를 꺼내는 것이 조심스러
운 세상이 되었다. 어디서부터 시작되었는지 이제는 이유조차

찾기 어려운 성별에 대한 혐오와 갈등, 정치권의 갈라치기 등. 하지만 이 시집의 제목처럼 우리가 공통언어를 찾아간다면 어떨까 하는 생각을 해본다. 여성이 그들의 언어로 스스로를 정의하고 목소리를 높이는 것, 그래서 나아가 여성과 남성이 아닌 공통의 생각과 언어로 서로를 바라보는 세상을 만드는 힘을 키우는 것. 외부에서 온 말과 정의로 인해 스스로 완벽하지 못하다는 생각에서 고통받는 것이 아니라, 여성들 스스로 내린 정의로 자신을 바라보는 것. 그래서 세상이 말하는 완벽한 엄마나 완벽한 사회의 구성원이 아니더라도 원하는 것을 이야기하고 서로의 손을 잡을 수 있는 것. 이런 여성들이 사회에서 굳건하게 자리를 지키고 연대해서 더 많은 기회를 만들어 주었으면 하는 바람을 가져 본다. 연약함과 상처를 부인하면서 끝까지 자신의 길을 가는 수많은 여성들이 그의 자녀들과 후배들에게 어떤 영감을 주고 용기를 주는지 기억하면서 말이다.

가끔이나마 서점에 방문하길 권한다.
이제 서점은 책만 판매하는 곳이 아니라
다양한 문화 콘텐츠를 갖춘 공간으로 거듭났다.
다양한 콘셉트를 갖춘 동네의 작은 독립 서점도 눈에 띈다.
특히 부모님들은 아이들을 데리고 자주 서점에 가보시라.

학부모는 자녀를 학생으로 키우지만,
부모는 아이를 사람으로 키운다.

PART

7

출
판

책은 경계의 대상이 아니다

에단

몇 년 전 흥미로운 연구 결과를 접한 적이 있다. OECD 회원국 국민을 대상으로 독서율을 조사했는데, 우리나라는 전체 회원국 가운데 평균 정도의 수치를 보였다. 하지만 매일 책을 읽는 습관적 독자의 비율과 한 달에 한 번 정도 책을 접하는 간헐적 독자의 비율을 세부적으로 나눠서 살펴 보면, 상황이 달라진다. 간헐적 독자의 비율이 평균을 살짝 밑도는 반면 습관적 독자의 비율은 조사 대상국 중에서 가장 낮은 수치를 보였다. 우리나라 사람 중에서 그나마 책을 좀 읽는다는 이들도 연간 독서량이 처참한 수준이라는 이야기다.

우리나라는 한글이라는 고유의 문자를 가진 덕분에 문맹률이 전 세계에서 가장 낮다. 거의 모든 국민이 글을 읽을 줄 아는데도 연간 독서량이 바닥에 머물러 있다는 사실이 참 아이러니하다. 우리나라 사람은 왜 이렇게 책을 안 읽을까? 출판업에 종사하는 사람으로서 고민하지 않을 수 없는 문제다. 나름대로 두 가지 이유를 생각해냈다.

첫 번째는 책이 실용적이지 않다는 인식이다. 여기에는 조선 왕조의 영향이 크다고 본다. 고려를 무너뜨리고 새 왕조를 창건한 사대부들은 500여 년이라는 긴 세월 동안 책과 글자를 통치의 수단으로 삼아 민중들을 성리학의 이념으로 찍어 눌렀다. 조선 후기, 중국^{淸나라}에 다녀온 일부 선비들은 중국에 전해진 서양 문물에 눈을 뜨고 '실학'의 중요성을 깨달았다. 하지만 조정을 장악한 권력자들은 임진왜란 이후 무너진 반상^{班常}의 질서를 회복하고자 예법과 격식을 시골 구석구석에까지 강요했고, 성리학의 위세는 더욱 강화되었다. 실학을 도입하고자 했던 '북학파'들은 안타깝게도 서얼 출신이거나 정치 권력이 약한 당파에 속해 있었기에 그 뜻을 관철할 수 없었다.

세계는 점점 근대화되는 방향으로 흘러가는데, 성리학에 경도된 우리의 위정자들은 여전히 '공자 왈 맹자 왈' 하며 거꾸로 가는 행태를 보였다. 그리고 오래지 않아 우리 민족은 일제 강점기라는 처참한 결과와 마주했다. 이러한 역사의 기억이 '책'으로 상징되는 인문학에 대한 거부감으로 이어지지 않았을까 하는 것이 내 생각이다. 조선 시대에 벌어진 역사의 경험이, '책은 내가 먹고사는 문제에 하등 도움이 되지 않을 뿐만 아니라, 오히려 변화와 적응을 거부하는 고답적 사고에 빠지게 만드는 주범'이라는 인식이 형성되는 데 어느 정도 영향을 미쳤다고 보는 것이다.

두 번째 이유는 더욱 심각한데, 우리나라 사람 대부분이 책에 대해서 즐거운 기억보다는 나쁜 기억을 더 많이 가지고 있기 때문이다. 유아기일 때까지는 그림책과 동화책을 보면서 책과 친해진다. 하지만 취학 연령에 이르러 책의 종류가 조금씩 '학습'에 도움이 되는 방향으로 바뀐다. 그러다가 초등 고학년부터 드디어 지옥문이 열린다. 책장은 학업과 성적에 이로운 책으로만 채워지고, 학생들은 줄곧 참고서와 문제집에 매달려야 한다. 대학에 진학해도 마찬가지다. 청춘의 경험은 취업에 필요한 스펙 쌓기에 집중되고, 자격증과 입사 시험을 위한 수험서를 보느라 다른 책은 거들떠볼 여유가 없다. 취업에 성공하면? 성과와 승진, 이직이라는 또 하나의 관문을 통과하기 위한 고통스러운 '공부 시간'이 기다리고 있다. 이 긴 시간 동안 진절머리 나는 책밖에 본 기억이 없는데, 어떻게 책에서 즐거움을 얻겠다는 생각을 할 수 있겠는가.

민중의 대다수가 문맹이었던 시절에 귀족 또는 권력자들은 문자와 책, 지식을 독점함으로써 지배 수단으로 삼았다. 소위 '배운 것들'의 지배욕은 오늘이라고 크게 다르지 않다. 하지만 최소한 지식을 일부가 독점하던 시대는 지나갔고, 이제 '나'라는 존재의 자존감을 유지하기 위해서는 올바른 지식과 사상을 습득하여 나를 바로 세우는 과정을 거쳐야 한다. 또한 실용성이 강화되는 시대일수록 인문학의 중요성이 더욱 커지고 있다. 특정한 기술이 쉽게 보편화되는 사회에서 차이를 만드는 것은 기술이 아니라 콘텐츠이기 때문이다.

가끔이나마 서점에 방문하길 권한다. 이제 서점은 책만 판매하는 곳이 아니라 다양한 문화 콘텐츠를 갖춘 공간으로 거듭났다. 다양한 콘셉트를 갖춘 동네의 작은 독립 서점도 눈에 띈다. 특히 부모님들은 아이들을 데리고 자주 서점에 가보시라. 학부모는 자녀를 학생으로 키우지만, 부모는 아이를 사람으로 키운다.

가장 화려한 사양 산업

엘라

연말의 어느 이른 아침, 예전에 담당했던 저자로부터 전화가 왔다. 출간 후 저자에게 전화가 올 경우 경계 태세를 갖추고 임해야 한다. 책에 문제가 있다고 속상함을 토로하기 위한 연락이 대부분이기 때문이다. 그런데 연락하신 저자분은, 편집상의 실수 등을 이야기하기에는 너무 오래전에 책을 내셨던 분이다. 경계 태세를 풀고 반가운 마음으로 전화를 받았다.

곧 구순을 바라보시는 선생님께서 정정한 목소리로 반갑게 인사해 주셨고, 우리는 짧은 안부를 주고받았다. 함께했던 책들을 다시 보고 있는데 내가 생각나 연락하셨다고 한다. 사실 그 책은 처음 출판사에 취직해서 아무것도 모르던 시절에 담당했던, 가장 아쉽고 부끄러운 아픈 손가락이었다. 펼치면 바로 틀린 부분을 찾아낼 수 있을 것 같아, 아직 펼쳐 보지 못한 책. 그래도 이때가 아니면 내 마음을 전달하기 어려울 것 같아, 이제

서야 선생님께 죄송하다고 말씀드리면서, 아쉬움을 표했다. 그럼에도 선생님은 고맙다고, 언젠가 꼭 한번 만나자고 하시면서 전화를 끊었다.

5분도 채 되지 않는 짧은 통화였지만, 이제야 죄송한 마음을 전했다는 편안함을 느낀 동시에 내가 이 책에 깃들어 있었다는 걸 새삼 깨달았다. 그리고 책이 만들어지는 과정과 함께 책에 깃들어 있는 사람들에 대해 생각해 보았다.

우선 책에는 저자의 지식과 이야기가 존재한다. 그 뒤편에는 어쩌면 그 이야기를 저자보다도 더 많이 읽고 다듬어 독자들이 편하게 읽을 수 있게 해 주는 편집자가 있다. 그리고 그 내용을 더 매력적으로 이미지화하여, 독자들의 눈에 들어오게끔 해 주는 디자이너가 있다. 본문과 표지 데이터가 마무리되면 종이의 종류를 함께 고민해 주는 인쇄소 사장님과 그 종이를 공급해 주는 지업사가 있다. 인쇄소에서는 판을 뜨고, 도수에 맞춰 잉크를 준비하고, 인쇄를 시작하고, 인쇄물들을 확인하는 작업을 진행한다. 그 후 후가공 작업에 들어가고, 제본소에서는 인쇄된 종이들을 묶는 제본 작업을 한다. 이와 같은 일련의 과정 속에서 여러 사람의 손을 거쳐 만들어진 책은 물류센터에 들어가게 된다. 그리고 전국의 서점에 입고되면 서점 MD들과 출판사

마케터들은 이 책을 알리기 위한 준비를 한다.

책은 여러 분야 전문가들의 축적된 경험과 노하우를 바탕으로 탄생한다. 단 한 권의 책도 쉽게 나오는 법이 없다. 그렇기 때문에 우리가 손쉽게 접할 수 있는 책은 그 어떤 물건보다도 높은 가치를 지니고 있는 산출물이라는 생각을 감히 해본다. 그런데도 출판계가 가장 많이 듣고, 많이 하는 소리는, '책은 이제 사양 산업인데…', '출판업은 이제 가망이 없어', '책이 팔리니?'이다. 하지만 사양 산업이라는 말이 무색하게도 매년 출판사와 독립 서점, 도서관들이 새롭게 생겨나고 있는 아이러니한 상황이 펼쳐지고 있다. 어쩌면 독자들의 니즈가 있지만, 출판계가 아직 그 니즈를 파악하지 못한 것일까 싶은 자조적인 생각이 들기도 한다. 박서련의 단편소설 「거의 영원에 가까운 장국영의 전성시대」에는 '화려한 사양산업'이라는 표현이 나온다. 가장 화려한 사양산업이라… 역설적인 단어지만, 출판업계가 이 단어에 해당되지 않을까 싶다.

누군가의 지식, 누군가의 경력과 경험들 그리고 아이디어가 한데 모여 있는 이 화려한 사양 산업인 출판업에서, 한 권의 책을 만들기 위해 많은 사람들이 묵묵히 그 자리를 지키고 있다. 이렇게도 많은 전문가들의 생업이 달려 있는 분야를 사양 산업이라고 말하는 것은 너무 무책임한 게 아닐까 싶다. 앞으로는 출판업을 아날로그, 사양 산업보다는 '그럼에도 불구하고' 자기 자리를 묵묵하게 지켜 나가는 전문가 집단으로 바라봐 주는 것은 어떨까.

글을 쓴다는 것

콰지

독서 인구가 계속 줄고 있다고 한다. 2019년 자료에 따르면 성인 기준 연평균 7~8권의 책을 읽는다고 하고, 출판 시장은 언제나 불황이라는 이야기가 돈다. 그러나 독서 인구의 감소에도 불구하고 발행 종수는 매년 늘어나고 글을 쓰는 사람도 늘고 있다. 여러분은 어떠한가? 우리에게는 글에 대한 막연한 동경과 두려움이 공존한다. 정확한 이유는 모르겠지만 어쩌면 어린 시절 써야만 하는 일기를 에세이가 아닌 창작소설로 접하게 되면서 글이 더 싫어졌을지도 모른다. 그럼에도 필자가 글쓰기를 추천하는 이유는 다음과 같다.

첫 번째, 글은 우리의 삶을 풍요롭게 한다. 필자의 개인적인 경험을 소개하려고 한다. 하루는 가족들과 함께 식사를 마치고 사진을 보며 근황을 나누고 있었는데 전혀 기억에 없는 대화들이 오고 가는 것을 들었다. 당연히 내가 없었던 때로 생각하고 있었는데, 사진에 덩그러니 내가 있는 것이 아닌가? 그리고 즐거워 보였다. 그런 나를 두고 가족들은 내가 기억하고 싶은 것만 기억한다고 우스갯소리를 했지만, 그 말은 생각보다 마음에 오래 남았다. 우리가 100년을 산다고 하는데 나를 스쳐 간 시간을 기억하지 못한다면, 과연 나는 내 시간을 잘 살고 있는 것일까? 앞으로 얼마나 더 많은 시간을 잊고 살게 될까.

그런 점에서 기록은 삶을 풍요롭게 한다. 좋은 기억과 나쁜 기억 모두 그 자체로 나름의 의미가 있다. 그때는 이해하지 못했던 일들을 시간이 지나서 새롭게 해석하고 삶 속에서의 의미를 발견하는 순간 하나하나가 삶에 긍정적인 영향을 주기 때문이다. 그리고 이런 것들이 쌓여 우리가 앞으로 나아갈 수 있기 때문이다. 현재의 괴로움을 마주하는 시간을 견디게 해 주는 것은 내일에 대한 희망과 지난날의 추억에 대한 기록이다.

두 번째, 다음 세대와의 연결을 가능하게 한다. 다섯 마리 원숭이 실험이 있다. 다섯 마리의 원숭이가 우리에 있다. 한 마리 원숭이가 사다리 위에 놓인 바나나를 먹으려고 하면 위에서 나머지 네 마리 원숭이에게 차가운 물을 뿌린다. 첫 번째 실험에서는 이런 식으로 바나나를 잡으려 하면 물이 뿌려진다는 사실을 원숭이들에게 학습시켰다. 두 번째 실험부터는 원숭이 다섯 마리 중 한 마리를 빼고 다른 원숭이 한 마리를 바꿔 넣었다. 새로 들어온 원숭이가 바나나를 먹으려고 하면 물세례를 맞지 않으려고 기존에 있던 원숭이가 새로운 원숭이를 방해했다. 이런 식으로 원숭이를 한 마리씩 교체했을 때, 마침내 물세례를 경험한 원숭이는 한 마리도 남지 않았지만, 결과적으로 아무도 사다리 위에 올라가지 않았다. 결과적으로 원숭이들에게 이런 비극이 일어나게 된 이유는, 처음에 겪었넌 일들을 기록할 수 없었기 때문이다. 학습의 결과로 행위만 남게 된 것이다. 맨 처음에 우리에 있었던 다섯 마리 원숭이들의 경험이 기록으로 남겨졌다면 결과는 달랐을 것이다. 새로 들어온 원숭이를 방해하는 대신, 협력을 통해 사다리 위의 바나나를 먹었을지도 모른다. 이렇듯 기록은 내가 잘했던 것, 아쉬웠던 것, 또는 고민과 성취를 글로 남겨 다음 세대로 이어지도록 한다. 선구자들의 역할은 기록을 통해 뒤에 올 이들이 조금 편하게 길을 갈 수 있도록 하는 것이다.

세 번째, 이건 엄청난 비밀인데, 글을 쓰는 것으로 우리는 영생할 수 있다. "사람은 언제 죽는가? 바로 잊힐 때이다"라는 유명한 만화의 대사가 있다. 유한한 삶을 살아가는 우리는 죽어서도 흔적을 남기고 싶고, 사람들로부터 인정받고 싶어 한다. 아주 오래전 동굴 어딘가에 벽화를 남긴 사람이 그랬고, 헤어짐을 예상하지 못한 남산의 자물쇠가 그랬고, 행복만이 가득한

SNS에 올라오는 게시글이 그렇다. 우리가 아직도 소크라테스와 플라톤, 공자와 맹자를 이야기할 수 있는 이유는 그들의 존재가 글로 남아 있기 때문이다. 나의 존재는 글과 함께 남게 되는 것이다.

오늘의 순간을 글로 남기기를 바란다. 삶을 기록하고, 생각을 기록하기를 바란다. 우리의 기록은 개인의 성장과 함께 다음 세대에게 앞으로 나아가야 할 방향성을 제시할 것이다. 그렇게 하루하루 쌓인 글을 한번 죽 읽어 보시라. 그리고 괜찮은 글을 뽑아 파지트로 보내 주시길 바란다. 그러면, 수고스러운 과정을 거쳐 어느 날 문 앞에 당신을 스쳐간 시간이 기록이 되어 도착해 있을 것이다.

『플랜비디자인을 쓰다』를 출간한 이후 2년의 시간이 흘렀습니다. 그리고 2년 치의 글이 쌓여 다시 한 권의 책이 만들어졌습니다.

플랜비디자인과 파지트가 분리되고, 새로운 멤버들이 합류한 만큼 책에 실린 글에도 많은 변화가 있었습니다. 기존에 꾸준히 써오던 '리더십, 조직문화, 팀'에 대한 글 외에도 경영, 자기계발, 세대론, 출판, 여성 등 이전보다 다양한 주제의 글들을 이 책에 싣게 되었습니다. 조직과 조직 구성원을 진단하고, 이들의 성장을 돕는 일 외에도 일상에서 마주하는 소소한 경험과 생각부터 다방면의 사회 문제에 이르기까지 의미를 두고 깊이 사유하는 멤버들의 모습을 새롭게 알 수 있는 계기가 되기를 바랍니다.

어쩌면 인간은 사회라는 큰 조직의 구성원으로 태어나 성장하기 때문에, 이 또한 개인과 조직의 일과 결코 무관하지 않다는 생각이 들었습니다. 조직의 구성원이기 이전에 한 사회의 구성원으로서, 우리는 모두 타인의 성장을 돕고 타인의 행복과 안정을 지키는 일들을 고민하고 실천할 의무가 있기 때문입니다.

이 책의 또 다른 특이점은 코로나 시대에 조직이 겪은 변화, 그리고 시기를 불문하고 조직이 준비해야 할 변화를 이야기하고 있다는 것입니다. 다니엘(최익성 대표)은 코로나19가 장기화되는 시기에 리더로서 어떻게 경영을 하고, 사회의 변화에 대응해야 하는지에 대한 글을 썼습니다. 제임스(홍국주 책임 컨설턴트)는 화상회의를 비롯한 비대면 의사소통을 위해 고려해야 할 요소를 진단하는 한편, 포스트 코로나 시대에 기업교육과 HRD가 나아가야 할 방향을 제시하였습니다.

이들의 기록은 현재 코로나19로 위기를 겪고 있는 개인과 조직뿐만 아니라 미래에 비슷한 위기를 겪을지도 모를 후세 사람들에게도 큰 도움이 되리라 생각합니다. 어쩌면 이 시기를 기록하는 일은 위기를 기회로 만드는 중요한 방법 중 하나일지도 모릅니다. 중요한 생각과 경험들을 흩어지지 않게, 오래 남길 수 있기 때문입니다.

한번 시작한 일을 오랫동안, 꾸준히 지속하는 건 새로운 도전을 하는 것만큼이나 쉽지 않은 일이라고 생각합니다. 그런 점에서 2018년부터 지금까지 꾸준히 글을 써온 플랜비디자인과 파지트의 멤버들을 존경합니다. 이 책을 만든 사람 중 한 명으로서, 중도에 포기하지 않고 꾸준한 글쓰기로 머리와 마음의 근육을 강하게 단련시켜온 이들의 노력에 찬사를 보냅니다.

마지막으로 이 책을 읽고 계신 여러분들도 언젠가 자신의 인생을 스스로 '쓰는' 사람으로 살아가셨으면 좋겠다는 바람을 남기면서 이 글을 마칩니다.

모두가 자신의 인생을 스스로 쓸 수 있길 바라며
플랜비어 신디 씀

당신의

B는 무엇인가요?

플랜비
출간 도서

조직 · 인적 자원 관리

딜레마의 편지
이안(최지훈)
300쪽 | 18,000원

원온원
백종화
376쪽 | 17,800원

더 골 2
이재형
300쪽 | 17,000원

Why를 소통하는 도구, OKR
장영학·유병은
256쪽 | 16,000원

함께라서
최원설·이재하·고은비
336쪽 | 17,000원

데이터로 보는 인사 이야기
스티브 킴, 이중학
296쪽 | 16,800원

MZ, 젠더 그리고 조직문화
하수미
233쪽 | 13,000원

오픈스페이스 베타
실케 헤르만·닐스 플레깅 저
한창훈 역
221쪽 | 14,500원

그룹코칭
김종명·여재호·이해원
316쪽 | 16,800원

회사를 구하는 인사
장내석
317쪽 | 16,000원

더 스마트
정진호·최준호
280쪽 | 15,000원

더 골
이재형
256쪽 | 15,000원

직무분석개론
최영훈
112쪽 | 13,000원

균형일터
이병민
276쪽 | 16,000원

조직문화 재구성
최지훈
272쪽 | 15,000원

그래서, 인터널브랜딩
최지훈
240쪽 | 15,000원

완벽한 팀
마크 허윗·사만다 허윗 저
이종민 역 | 이금호 감수
484쪽 | 22,000원

조직문화가 전략을 살린다
안근용·조원규·한승진
364쪽 | 17,000원

체계적 직무분석 방법론
최영훈
364쪽 | 33,000원

리더십 · 간부학

행복한 리더가 끝까지 간다
김영헌
275쪽 | 17,000원

거인의 어깨
안병기
308쪽 | 17,000원

임원으로 산다는 건
고광모 외 12인
260쪽 | 15,000원

팀장으로 산다는 건
김진영
236쪽 | 15,000원

리더는 결정으로 말한다
김호준 외 8인
236쪽 | 15,000원

리더십, 문을 열다
이창준
272쪽 | 15,000원

더 체인지
260 허일무
372쪽 | 18,000원

나는 (***) 팀장이다
박진한 외 8인
282쪽 | 15,000원

나는 인정받는 팀장이고 싶다
김용현 외 8인
284쪽 | 17,000원

리더십을 쓰다 2
임주성 외 3인
379쪽 | 15,000원

리더십을 쓰다
최익성 외 2인
260쪽 | 15,000원

화술 · 협상 · 회의 진행

회의다운 회의
홍국주
205쪽 | 16,000원

굿 피드백
김미애 외 9인
308쪽 | 17,000원

온택트 리더십
김철수·허일무
220쪽 | 14,800원

퍼실리테이션을 만나다
박진
308쪽 | 16,000원

더 퍼실리테이션
주현희
336쪽 | 17,000원

THE 커뮤니케이션
서정현
232쪽 | 15,000원

더 프레젠테이션
262 정진석
248쪽 | 15,000원

더 미팅
홍국주·최익성
283쪽 | 16,000원

온라인 회의와 협업
한봉규·이병훈
220쪽 | 14,800원

회의문화 혁신
최익성
240쪽 | 15,000원

회의 없는 조직
김종남
302쪽 | 14,800원

경영 전략 · 경영 혁신

적소적재
유규창
248쪽 | 16,500원

홍보의 마법,
스타트업 전쟁에서 살아남기
태윤정
212쪽 | 14,500원

부를 부르는 ESG
문성후
280쪽 | 17,500원

세일즈 뉴노멀
장효상·민승기
273쪽 | 15,800원

넥스트 투어리즘
윤지환 외 2인
308쪽 | 16,000원

바야흐로, 품격영업
강창호 외 4인
322쪽 | 16,000원

RPA 하이퍼오토메이션 플랫폼
264백승헌
284쪽 | 17,000원

다시, 글로벌
정해평
380쪽 | 18,000원

더 딜리트
조영덕 외 2인
284쪽 | 16,000원

해결에 집중하라
한봉규
272쪽 | 16,000원

외식 경영 노하우
박진우
442쪽 | 19,800원

실리콘밸리의 폐기경영
조영덕
363쪽 | 15,000원

성공학 · 경력 관리

미래를 잇다
심숙경
232쪽 | 15,000원

퀘스천
서수한
326쪽 | 16,000원

오늘도 도쿄로 출근합니다
이상아 외 9인
272쪽 | 14,000원

인사이트 스포츠
박혁수
315쪽 | 16,000원

퍼포먼스
최영훈
247쪽 | 15,000원

사무력
김선일
303쪽 | 17,000원

직장생활, 나는 잘 하고 있을까?
박해룡
304쪽 | 17,000원

사내강사 실무 노하우
김휘
252쪽 | 22,000원

처세술·삶의 자세

바디사운드
이윤석·김병전
268쪽 | 16,000원

당신은 좋은 사람입니다
윤혜진
272쪽 | 16,000원

떠도는 마음 사용법
이석재
288쪽 | 15,000원

사람은 어떻게 성장하는가
조남철
276쪽 | 15,000원

진정성의 여정
이창준
208쪽 | 16,000원

함부로 사표를 던지지 마라
노주선
300쪽 | 15,000원

다시, 묻다
박영준
236쪽 | 13,000원

시작을 쓰다
홍국주·신현아
256쪽 | 15,000원

감정존중
노주선
268쪽 | 15,000원

나는 무엇을 위해 출근하는가
김소현
275쪽 | 15,000원

교육학

하우 피플 런
닉 섀클턴 존스 | 오승민 역
347쪽 | 18,000원

온택트 프로젝트 수업
ALLO! PBL!
곽민철 외 2인
256쪽 | 16,000원

가르치지 말고 보여주자
김윤미 김진경
252쪽 | 17,000원

가르치지 말고 경험하게 하라
김지영
207쪽 | 16,000원

가르치지 말고 플레이하라
김상균
292쪽 | 18,000원

가르치지 말고 배우게 하라
정강욱
244쪽 | 18,000원

e-비즈니스

메타버스 2
김상균
345쪽 | 18,000원

메타버스
김상균
376쪽 | 17,000원

기업 · 경영자 스토리

플랜비디자인을 쓰다
최익성 외 11인
283쪽 | 13,000원

플랜비디자인이 쓰다
최익성 외 8인
248쪽 | 16,500원

두뇌 개발 & 인문

생각경영법
김철수
436쪽 | 19,000원

시간이 담아낸 것들
홍남일
340쪽 | 17,000원

책 출간, 교육 프로그램화를 동시에 진행하여
HRD 콘텐츠를 강화하고 HRD 담당자들의
PlanB를 돕기 위한 목적으로 진행합니다.

다년간의 HR경험을 보유하시고
저술, 강연, 컨설팅에 관심 있는 분들,
특정 HR 분야의 전문가 분들 모두 환영합니다.

planb.lyl@gmail.com

파지트
출간 도서

아내 몰래 비상금 3억 모으기
문석근
300쪽 | 17,000원

메타사피엔스
송민우·안준식
336쪽 | 17,000원

인생와인
크리스 배
376쪽 | 17,800원

**고객 소멸 시대 마케팅
어떻게 할 것인가**
고사카 유지 | 강지원 역
248쪽 | 15,000원

다시 쓰는 경영학
정인호
260쪽 | 15,000원

미래출현
황준원
400쪽 | 18,000원

**쉽게 배워 크게 쓰는
재무제표**
김성호
248쪽 | 16,000원

마음을 삽니다
장양숙
232쪽 | 14,000원

**어느 날, 아침이
달리자고 말했다**
달리(박채은)
276쪽 | 15,000원

책 읽는 인간, 호모부커스
조상연
304쪽 | 15,800원

나도 나를 믿지 못했다
김성호
296쪽 | 16,000원

THE STORY ____ FILLS YOU

파지트는
언제나 당신의 이야기를 기다리고 있습니다.

pazit.book@gmail.com